新選組記念館青木繁男

調べ・知り・聞いた秘話を語る！

真田幸村 時代のおもしろばなし 百話

JN163528

一 真田の一族 10

真田家三代 10

1 第一代　幸村の祖父・真田幸隆 10
2 第二代　幸村の父・真田昌幸 12
3 昌幸の一番槍　三増峠の合戦 15
4 昌幸は最後まで武田家を支えた（新田次郎の『武田信玄』「武田最後の軍議」より） 19
5 幸村母・山手殿（昌幸正室） 23
6 第三代　真田幸村—不器用にして知略家、人間味あふれる侍大将 26

真田一党 28

7 幸村父昌幸の長兄・真田源太左衛門尉信綱 28
8 幸村の叔父・真田隠岐守信尹 30
9 真田一族の中に芸術的な剣豪が居た—正受老人 32

二 関ヶ原の戦い 以前 34

幸村と真田家の話 34

10 実は「幸村」じゃなかった！名前の謎 34
11 真田兄弟に疑惑あり、幸村出生の謎！ 35
12 幸村の六連銭旗と白菜幣 36
13 武田滅亡期、強敵の中、生き残った真田家。「幸村は人質に」 38
14 幸村の徳川との確執、ここにあり。「神川の戦い—第一次上田合戦」 39
15 大久保彦左衛門の〝信州真田との戦い〟（第一次上田合戦） 40

16 名胡桃城と小田原攻め、真田の居城沼田を歩く……44
17 忍者と関係があった真田家……46
18 幸村の〝23歳〟の遅き初陣……48
19 幸村の結婚が、命運を決めた！……50

三 関ヶ原の戦い頃 52

東軍・西軍に分かれた真田家 52
20 海音寺潮五郎氏の見た「真田親子」……52
21 真田家の危機、幸村と父の選択……56
22 真田家を遺した、兄（信之）……57
23 真田昌親―昌親、出遅れる……61
24 義父と義弟を門前払いした信之夫人の小松殿 63
25 沼田の史跡を歩く「烈婦　小松姫」……65
26 真田昌幸、幸村の歴史に残る守城戦「第二次上田合戦」……67
27 歴史の謎を歩く・関ヶ原古戦場……69
敗北と九度山への配流 71
28 〝配流の地〟幸村の九度山のくらし「33歳から47歳迄」……71
29 幸村は九度山で連歌を楽しんでいた……74
30 真田紐―英雄伝説……75
31 幸村の影武者と、九度山でのくらし……77
32 庶民のヒーロー「真田十勇士」……78

四　大坂冬の陣　81

大坂の陣の原因　81

33 世にも不思議な言いがかり――「国家安康」の鐘の銘文……81

34 〝忠臣と賊臣の間をさまよう〟片桐且元……83

九度山から大坂へ　87

35 幸村は大坂の陣以前は全く、無名の侍であった……87

36 豊臣家から破格の条件が来た。雌伏期から再起して大坂へ……88

37 幸村はその時、どうして九度山を脱出したのか……89

38 幸村は、九度山から、大坂へどのルートを、脱出したのか……90

39 幸村は山伏姿で大坂へ潜入した……91

真田丸の攻防　92

40 幸村は野戦を主張……92

41 真田丸の攻防……94

42 幸村の「真田丸」とは、どんなものなのか？……96

43 幸村、「男の美学」節操を守った武将……97

幸村、上杉鉄砲隊を破る　98

44 大坂冬の陣で鉄砲隊が活躍、家康に激賞された上杉家の武勇……98

冬の陣から夏の陣へ 101
45 幸村は最後まで、家康嫌いだった 101
46 幸村はキリシタンであった！ 103
47 幸村の言葉 104

五 大坂夏の陣 106

大坂の陣 武将たち 106
48 大坂の陣五人衆 真田幸村 106
49 五人衆 大坂の陣で奮戦した長宗我部盛親 107
50 五人衆 明石掃部（全登） 111
51 五人衆 後藤又兵衛基次 114
52 大坂夏の陣の英雄は伊予で生き抜いた 116
53 後藤又兵衛の壮烈な死 118
54 五人衆 毛利勝永 120
55 七人衆 木村重成、超イケメンの大坂武将がいた 123
56 重成の首塚がこんな所にあった 126
57 七人衆 大野治房 128
58 豊臣方武将 大野治長 132
59 豊臣方武将 塙直之 134
60 豊臣方武将 小笠原権之丞「家康の実子が〝大坂の陣〟に参戦で討死を遂げた知られざる話」 137
61 徳川方武将 加藤貞泰、大坂の陣で軍功 138
62 徳川方の豊臣恩顧の武将・渡辺了（勘兵衛）、夏の陣で長宗我部と戦った人 140

幸村最後の突撃 143

63 幸村の心理作戦　戦闘直前で兜をつけた?
大軍を前にした心理作戦 143
64 「幸村決死の突撃」家康討死説も…… 144
65 松平忠直「大坂の陣の戦功が裏目に出た。大坂の陣、徳川方にこんな武将がいた」 145
66 恩賞に金子5枚を与え賞とした太っ腹 149

落城と落ち武者 150

67 戦国無残‼敗者の哀れ　大坂夏の陣図屛風に見る 150
68 権右衛門の証言・豊臣家を完全に消す智恵 152
69 権右衛門の証言 153
70 大坂の陣余話「大坂落城の落ち武者の面白い話」 155
71 秀頼、幸村は鹿児島へ脱出した! 158
72 秀頼の人面石と大坂城の抜け穴考 159
73 大坂城の抜穴「幸村は抜穴大作戦を行った。」 162
74 淀殿の亡霊 165

千姫のその後 168

75 大坂落城　千姫物語の本当とウソ 168
76 千姫、脱出の時、坂崎出羽守は奮闘したのか? 170
77 坂崎出羽守、憤死の本当は? 173
78 千姫を横取りした、本多忠刻の、母お熊 174
79 坂崎出羽守の子孫が加賀に 175

六　幸村の伝承　177

80 ゆかりの地で高まる、英雄真田幸村信仰……177
81 この真田のゆかりの地にも、こんな話の瓦版 179
82 ドンドン焼けにも負けずに残った地蔵、ドンドン焼けにも勝った幸村地蔵……180

七　幸村の子供たち　181

83 幸村の血が脈々と生き続けた……181
84 幸村の長女・菊（阿菊）（?～1642）……184
85 幸村の次女・市（於市）（?～?）……185
86 幸村の三女・梅（於梅）（後の泰陽院）（1604～1681）……185
87 幸村の四女・あぐり（?～?）……187
88 幸村の五女・なお（御田姫）（1604～1635）……188
89 幸村の六女・菖蒲（阿菖蒲）（1605?～1664?）……193
90 幸村の七女・かね（おかね、於金殿）（?～?）……194
91 幸村の長男・真田幸昌（大助）（1601?～1615）……196
92 幸村の次男・真田大八（片倉守信）（1612～1670）……197
93 幸村の三男・幸信（1615～1667）……199

八　真田幸村を語る　200

94 細川忠興「古今これなき大手柄」細川家記……200
95 神沢貞幹「性質屈僻ならず、常に人に交わるに笑語多く和せり」翁草……201
96 島津忠恒（家久）「真田は日本一の兵」島津家当主は故郷への手紙にこう記した……203
97 徳川光圀「士たるものはふだんから真田のように心を尽くしたいものである」……205
98 津本陽「左衛門佐（幸村）は家康に誘われてお る。いつ寝返りするか分らぬ男じゃ」……207
99 池波正太郎「小肥りの身体の背をまるめたようにして、豪勇の人という印象は全くなかった」……208
100 徳川家康「大将たる者に似合わぬ働き」老談一言記……209

真田信繁（幸村）関連系図……212
参考図版……214
北条・武田・上杉・織田・徳川関係参考図
1560年頃の形勢
今川・北条勢力図
徳川家康の版図変遷
長野県市町村図
主な参考文献……220
著者プロフィール……222
あとがき・奥付……223

一　真田の一族

真田家三代

1　第一代　幸村の祖父・真田幸隆

真田氏は東信濃佐久《さく》に本拠を置く海野《うみの》一族の支流である。天文10年5月13日「海野平合戦」で、幸村の祖父・真田幸隆《ゆきたか》（幸綱）（1513〜1574）は、本家の海野棟綱《むねつな》と共に武田氏により国を追われた。幸隆は西上野の妻の実家・羽尾幸全《はおゆきてる》の所に行き、その後、箕輪城主長野業正《なりまさ》の元に身を寄せる。そこで形勢を見ていたが、天文13年（1544）頃から武田晴信（信玄）（1521〜1573）に仕えて旧領を回復。この時幸隆は31歳で信玄は23歳だった。幸隆は信玄の武略、謀略に長《た》けている手口を見て、すっかり気に入り、信玄も幸隆の才能を知り、旧領小県郡《ちいさがたぐん》一帯の領有を復した。幸隆は自分を認めてくれた信玄の為に大いに働き、信州・西上州にわたって活躍した。以後も武田家の信濃先方衆として活躍し、後の真田氏の礎を築いた。そして、幸隆は、一族の総《そう》領《りょう》となった。「武田家の陰の軍師」「信玄の名参謀」とも呼ばれ、信濃衆（外様）でありながら譜代家臣と同等の待遇を受け、甲府に屋敷を構えた。

そして、信州では佐久、小県の豪族を味方につけ、佐久郡志賀城の攻略、上田原の戦い、砥石城（戸石城）（長野県上田市上野）の攻撃などに参加し武功を挙げた。中でも信玄が落とせなかった砥石城を簡単に乗っ取ったのは有名である。幸隆はこの手柄によって砥石城を貰い、松尾城（真田本城）とこの城に生涯住んだ。上州では国峰《くにみね》城、岩《いわ》櫃《びつ》城、箕輪《みのわ》城、沼田城攻略に手柄を立て、内藤《ないとう》修理《しゅり》と共に西上州の経営を信玄から任されていた。信玄が西上の軍を発した時、三人の息子、信《のぶ》綱《つな》、昌輝《まさてる》、武藤喜兵衛（昌幸《まさゆき》）を従軍させ、自分は関東の押さえとして後に残った。だが元亀4年（1573）4月、信玄が上洛途上で病死すると、その後を追う様に翌年5月19日、病の為その生涯を閉じた。62歳だった。波乱に満ちたその一生は信玄という親友を得たことで大きく輝いた。信玄への傾倒は深く、息子たちを皆、信玄の手許に送って教育した。

真田幸隆

幸隆・昌幸・信繁（幸村）のいわゆる「真田家三代」の初代であり「鬼弾正《おにだんじょう》」の異名をとった幸隆は、

天正2年、調略と戦闘に明け暮れた生涯を閉じるが、その体には歴戦の傷が35箇所も残っていたという。

2 第二代　幸村の父・真田昌幸

武田信玄に仕えた武略の天才。真田幸隆《ゆきたか》の三男として生まれた。昌幸は数々の戦功を収めた知将である。真田昌幸（1547〜1611）は早くから武田信玄（1521〜1573）に近習として仕えるとその才能を見抜かれ、寵愛を受けたといわれている。三男でもあり、信玄は、昌幸が青年になると武田一門の武藤家を継がせて武藤喜兵衛と名乗らせた。彼はこの昌幸に軍学をはじめ、政治、経済、謀略にわたり自分の得意とするものをみな教えた。「武藤喜兵衛と曽根内匠《たくみ》は信玄公の両眼の如し」と言われたほど、信玄の考え方やその方法を身につけた。曽根内匠（昌世《まさただ》）も旗本の若手武士の中でずば抜けて優秀であった。初陣は永禄4年（1561）「川中島の戦い」とされる。昌幸はやがて参謀格の足軽大将となり、騎馬15、足軽50人をあずけられた。永禄12年（1569）10月の三増峠で、一番槍を立てて信玄から感状を貰ってからは、武藤喜兵衛の名は甲州軍の中で一段と高くなった。こうして次第に頭角を現していった昌幸は、元亀3年（1572）「三方ケ原の戦い」

の際、本陣を固める旗本組に属するまでに至った。信玄の西上の軍に加わって出陣したが、途中、元亀4年（1573）4月12日、王であり師である信玄は倒れてしまった。昌幸の嘆きは深く、食事もノドを通らなかったという。

信玄が病死した後、やがて武田家は勝頼の時代になり、天正3年（1575）5月「長篠の合戦」が行われた。この戦いで武田軍は大敗をした。この戦いが昌幸の転機となった。真田家の跡継ぎだった長男信綱《のぶつな》と次男昌輝《まさてる》が討死したため、彼は武藤家を去って安房守を名乗り、昌幸が家督を継ぐ事になったのである。昌幸は兄に代って上田付近を領有し、西上野の総大将に任じられた。東上野にも手を広げ沼田城を攻略し、その付近も併有した。数年後の天正10年（1582）2月、信長の甲州追討軍に対してどのように立ち向かうかの会議が甲州新府城《しんぷじょう》で行われたのは、武田家が滅亡一歩手前まで追い込まれていた時だった。昌幸は勝頼に自分の領地へ落ちてくる様、進言した。武田家への報恩の気持が強かったからだ。だが、勝頼とその譜代の重臣たちは昌幸の意見を容れなかった。のち、武田勝頼を見捨てて逃げ出す家臣や兵士が続出し、武田が弱体化してゆくなかにありながらも昌幸は最後まで武田家に仕えた。

勝頼は間もなく天目山《てんもくさん》で敗死した。勝頼が昌幸の意見通り、西上州方面に落ちて行ったら、武田は滅び無かったのだった。天正10年（1582）武田家滅亡後、昌幸は自領を保つため臣従する主君を巧みに変え、北条や上杉についた。その変り身の早さから秀吉、秀吉家臣に「表裏比興《ひょうりひきょう》の者」

とまで言われた。天正13年、家康から沼田領の返還を求められるが拒否し、家康との対決が決定的になった。これが原因での「神川の戦い」（第一次上田合戦）で家康は上田城に7千の大軍を送るが昌幸は2千の兵にもかかわらず押し戻し、智謀を天下に知らしめた。昌幸の名は大いにあがり〝小信玄〟といわれた。信玄は戦の名人としてその評価が高まっていたので、小信玄と云われるのは武将としてこの上ない名誉であった。この様に云われたのは「昌幸一人」であった。彼はその後、秀吉の幕下となり、秀吉が死んでからは石田三成と親交を結んだ。慶長5年（1600）「関ヶ原の戦い」では西軍に与《くみ》し、上方へ急ぐ徳川秀忠軍3万5千を、一週間上田城に釘づけにした。2・3千の僅かな兵で大軍を足止めした軍略で、名声は更に高まった。しかし西軍は敗北した。長男信之《のぶゆき》（信幸）の尽力で命は助けられる。次男信繁（幸村）と共に九度山に流される。九度山で父昌幸は、徳川が豊臣を滅ぼす予見と、対徳川への作戦を幸村に伝えたという。家康は昌幸を大変恐れた。〝大坂の陣〟で真田の名を聞いた家康は「親の方か、子の方か」と問い、部屋の戸板がガタガタと鳴る程身を震わせ、それが子の方（幸村）であると聞くと安堵したという。昌幸は、慶長16年（1611）6月4日、65歳で多彩なその一生を終えた。戦国時代を代表する武将であった。

3 昌幸の一番槍　三増峠《みますとうげ》の合戦

武田信玄にとっては、北条・徳川の連携は読みの内に入ってはいたが、そのまま手をこまねいているわけにはいかない。大切な息子義信まで死なせているし、どんなことをしても駿河を取り、遠江《とおとうみ》にまで手を伸ばさなくては所期《しょき》の目的を達することはできない。信玄は陽動作戦を考えた。駿河をいったん攻撃しておいて軍を返し、北条の牙城・小田原城を攻める方法である。小田原城が攻撃されているのが在駿河の北条軍に分かると、彼らはすぐ応援の後詰めに駆けつけるか、そうでないにしても有力な部将の半数は必ず戻ってくる。その機を見て軍を引き、手薄になった駿河を全力をあげて攻撃するというのだ。甲州に引き揚げてから二ヶ月ほど経った、永禄12年（1569）6月16日、信玄は暑い盛りを駿河に入り、伊豆に兵を向け引き返して駿河大宮城を攻めた。少数の兵だったが大兵のように偽装した。北条軍は、駿河をとられて怒った信玄が大兵を挙げて来たものと思い、上杉謙信に背後を衝くように働きかけたが、謙信は動かなかった。大宮城は兵を傷めないように攻め、6月23日、三度目の攻撃で落城させた。武田信玄は城代を置いて甲府に兵を返した。そして甲信の兵2万余を率いて上州に出、9月10日武蔵の鉢形城《はちがたじょう》を囲んだ。この城には北条氏が籠っていたが陥落させる必要がないので囲みを解き、さらに下って八王子の滝山城《たきやまじょう》を囲んだ。この城には北条氏照《うじてる》がいたが、これも威示《いじ》だけで十分だから囲みを解き、放火しながら南下した。10

北条氏康

月1日小田原に着くと大々的に放火行動に入った。北条氏康《うじやす》は諸方に兵を派遣していた。虚を衝かれたため守備勢が少なく、7～8千にすぎなかった。だが城は8年前の永禄4年（1561）3月、謙信が数万の兵で攻撃しても落ちなかった堅城《けんじょう》である。守備兵が少ないといっても、信玄2万の軍では落ちるはずもない。そんなことは信玄も十分知っていた。只、城の廻りを蹂躙《じゅうりん》すればそれで目的を達するのだ。三日間、城を軽く攻撃しながら、町家を放火し、形をとどめない位に焼き払った。民衆こそ迷惑だが武力をもつオオカミのような兵団には手の出しようもない。4日夕刻、信玄は前回の謙信にならって鎌倉の鶴岡八《つるがおかはち》幡宮《まんぐう》に参詣すると偽りの御触れを伝え、兵をまとめて東に向かった。鎌倉は三方山に囲まれ前面が海なので、そこに入れば袋のネズミだ。氏康は喜んで包囲殲滅《せんめつ》しようとして兵を集めた。駿河から危急を知って馳せてきた部将もおいおい到着した。信玄は、しかし、その隙に大磯《おおいそ》で道を変えて北上した。津久井郡《つくいぐん》から甲州の都留郡《つるぐん》に入って、甲府へ戻ろうというのである。前面の三増《みます》方向の様子を探ると、先に包囲攻撃した北条氏邦、氏照が中心となって忍《おし》衆、深川衆、江戸川衆など、2万余が三増峠に陣取って帰途を遮《さえぎ》っているという。信玄は一戦交えることにした。戦って勝たなければ、士気が上がらないのだ。彼は全軍に「小田原の氏康・氏政父子さえ恐れて出てこなかったのに、その伜《せがれ》どもと雑党では何ができよう。一戦で追い払え。我が軍の勝利は疑いない。」と命令を伝え、5日、三増の村に着いた。付近に居た北条勢の一部は中津川を越えて退去し、近くの半原山《はんばらやま》に登って陣を敷いた。信玄はこの村の民家で合戦の備えを立てた。まず内藤修理《しゅり》に小荷駄奉行《こにだぶぎょう》を命じた。小荷駄はいうまでもなく、武器、弾薬、食糧、その他の輸送隊で敵を打ち破って通る。このような合戦では無事に届けさせるのが何より大事である。小荷駄隊が破られると全員の戦闘力が激減する。修理はしかし、「自分は西上野の郡代でもあるので小荷駄奉行は気が進まない」と難色を示したが、信玄はこの重要性を説いて納得させた。作戦の内容は次のようだった。木幡尾張守には手兵を率いて北条方の津久井城《つくいじょう》に向かわせ、山県三郎兵衛ら8人の侍大将を遊軍として志田峠《しだとうげ》に繋《かか》らせる。三増峠の中央部を押し通るのは戦《いくさ》上手の馬場美濃守《みののかみ》、武田勝頼、浅利右馬助《あさりうまのすけ》の三頭を中心とする本隊。信玄は旗本をはじめ、残りの兵を15備えに分け、これを指揮して横脇《よこわき》から三増峠の高所に登り、中央部隊とあとに続く小荷駄隊の通過を援護する。なお、馬場隊には武藤喜兵衛(真田昌幸)、勝頼隊には三枝善右衛門《さえぐさぜんえもん》、浅利隊には曽根下野守という旗本の秀才をおくって実戦に協力させる。武田信豊は各隊へ、ホラ貝と小旗で総指揮官信玄のカケヒキを伝える。大体こうした手配をし、5日夜のうちに各隊に行動を起させ、信玄は6日の未明に三増峠の高地へ登った。峠へ陣取った北条勢との間に戦闘が開始された。武田軍の本隊も登ってきて激戦が続いたが、志田峠を突破してきた山県らの遊軍が、後から攻めかかったので、北条勢は混乱し総崩れとなり、山を下り、中津川を渡って敗走した。武田軍がとった首は3千269級であった。〃勝ドキ式〃を例のように執行したが、この勝利は信玄の軍略の見事さを語るものだった。信玄が三増峠へ向かったというので北条氏康・氏政親子は3万の兵を率いて後を追ってきたが、厚木付近で味方の敗報に接し、小田原に引き返した。勝ち誇っている甲州軍と戦いを交えるのは不利と思ったのだろう。この戦いで中央隊の大将浅利右馬助が鉄砲に撃たれ戦死した他、武田軍は300余名の戦死者を出しただけだった。

この戦いでの一番槍は馬場隊に協力した武藤喜兵衛であった。かれはのちの真田昌幸で、真田幸隆の三男だったが信玄に目をかけられて武田一族の武藤家を継いでいた。この一番槍と云うのは抜け駆けではなく、はじめに敵の武士を突き伏せる戦功である。また、すごい〃スーパーマン〃が馬場美濃守の同心・鳶《とび》二位《にい》という法師だった。かれは昌幸が一番槍を立てたので、二番手では気がすまないと槍を捨てて剛刀を抜き、敵のすねを払い、また首をたたいて骨を折って8人を討ち取った。二人共、信玄から名誉の感状を受けた。戦国時代らしい話だが、この合戦では、人間の土産ものがあったいうから面白い。合戦が始まって間もなく、峠の上から見ている信玄の前で、北条氏照の陣から出てきた一人の白い羽織の武将が勝頼の部下と槍を合わせて、めざましい働きをしていた。信玄はその働きぶりを気に入った。このままではどんなに強くても討死してしまうだろうと、伊藤玄蕃、鮎川甚兵衛、中間頭・原大隅守、石坂勘兵衛の4人を呼び「一人は勝頼の備えに行って討つなと申せ。一人はあの者と槍を合わせよ。二人は脇から組み付いて生捕りにして参れ」と命じた。4人は命の通りにこの武者を手拭いで縛って連れて来た。名前を聞くと悪びれずに北条氏照の家人・大石遠江《おおいしとおとうみ》と答えた。有名な大剛《だいごう》の士なので、信玄は彼を伴って甲府に帰り家人にしたが、その2年後、北条と武田の和睦が成立した際に北条家へ送り返された。信繁（幸村）の父昌幸は、この頃から活躍をはじめていたのである。

4 昌幸は最後まで武田家を支えた（新田次郎の『武田信玄』「武田最後の軍議」より）

辰の刻（午前8時）の軍議には、武田信豊《のぶとよ》と武田逍遥軒《しょうようけん》の二人の御親類衆は依然として参加しなかった。やむなく勝頼《かつより》は迎えの兵を二人の邸に向けたほどであった。軍議は半刻ほど遅れて開かれ、劈頭《へきとう》、穴山梅雪《あなやまばいせつ》の裏切りの報告がなされると、最初は信じがたいような顔をしていた諸将も終りにはがっくりと項垂《うなだ》れて、物を云う者さえ無くなった。「敵は木曽口・伊奈口のみならず、駿河口からもやってくることになったのだな!!」、跡部《あとべ》勝資《かつすけ》が一言洩らしたが、駿河口からやってくるということは直接甲斐《かい》が攻撃を受けるという意味であった。しかもその先方衆が同族の穴山梅雪である。「もう駄目だ」とほとんどの将は思っていた。もう武田は滅びるしかない。武田が滅びたら自分や家族はどうなるだろうか。そのことを考えると軍議どころではなかった。「上杉様から御使者が参られました」と軍議の席に報ずる者があった。使者は上杉景勝《かげかつ》の書状を持っていた。天正7年（1579）勝頼の妹於菊《おぎく》を正室として受け入れた上杉景勝は勝頼に好意を持っていた。おそらく木曽義昌《よしまさ》の謀反、織田軍来攻を報じた書状に対する回答と思われた。勝頼は書状を紐解いた。『木

躑躅ヶ崎館跡に建つ武田神社

曽義昌の謀反はまことに意外なことである。まことに許しがたい所業である。また、木曽口よりの織田軍の侵入も信長の野心をむき出したものであり、黙って見ておれない。我が国と貴国とは同盟関係にある故、何時なりとも援助を差し向けるつもりである。至急、具体的な御指示を賜るようお願い申しあげる』という誠意ある書状であった。勝頼はその書状を読んでいささか明るい顔をした。上杉に頼れば、何とかしてこの危機を脱することができるかも分からない。彼はその書状を諸将に回覧した。ほとんどの諸将の顔色には変化がなく、書状は回されていく。「上杉殿に返事を出したいが、それについて意見はないか。」勝頼が云った。真田昌幸がまず発言した。「木曽口、伊奈口、駿河口と三方より敵が入ってきた場合、敵を防ぎとめるには新府城は未だ不完全でございます。この際思い切って、お館様をはじめとして一族衆はひとまず上州吾妻城へお越しになり、上杉氏と手を握り再挙を計られたら如何でございましょうや。上杉殿に北信濃から中信濃に出兵を促し、この地を固めて貰うのもこの際止む無き事情と思われます。」

思い切った云い方であった。長坂長閑斎《ちょうかんさい》と跡部勝資が同時に何か云おうとした。まず、長閑斉が発言した。「武田の統領ともあろうお方が上州に逃げるとは国を捨てたのも同然ではないか。また新府城では敵は支えられぬと申されたがその城を築き上げられたのはどこのどなたであろうぞ。安房守殿（昌幸のこと）、少々口が過ぎはしないかな。」これに続いて跡部勝資が発言した。「そのとおりだ。また高遠城《たかとおじょう》が敵を支えている。こんな時に主家が逃げ出したら、それこそ高遠城も自落するだろう。」戦争をやったことのない勝資が云った。

「ばかな。高遠城の仁科盛信《にしなもりのぶ》は城を枕に死ぬ気で戦うつもりでいる。盛信が支えている間こそ勝頼様を逃がすべきです。それが武田を滅ぼさない唯一の道である。」昌幸はそう云いたかったが云えなかった。この位の理屈は分かるだろうと思っていたのに今だに自分の発言に権威を持たせようとしたり、武田家の統領を云々《うんぬん》して虚勢を張ったりする家老たちに昌幸は怒りさえ覚えたのである。

「今は作戦の全てが手詰まりでござるぞ。御親類衆の筆頭・穴山殿が背《そむ》かれた以上、甲斐の国が最もお館様には危険であることがお分かりにならないのですか。」昌幸はかなり激した口調で云った。

「真田殿はもともと信濃の人であるから甲斐のことは分からぬ。われら甲斐生まれの重臣として、この際他国へお館様を移し申し上げることは出来ぬのだ。」と長坂長閑斎が云った。御親類衆は放心したような顔をして一言も発しなかった。穴山梅雪の裏切りを聞いただけでキモをつぶし、いったいこの身をどう処置したらいいかという事ばかり考えていて、作戦を立てられる状態ではなかった。この時点で武田家の首脳は殆んど腰を抜かしたのである。

「お館様、ご決意を。」昌幸が迫ると「家臣一同断じて他国移転は反対申し上げます。」と長坂と跡部が勝頼の前にニジリ寄るようにして云った。勝頼は昌幸の言《げん》に従いたかった。しかし長坂・跡部の両家老の意見を退けるわけにもいかなかった。

「しからば大炊助《おおいのすけ》、上杉殿には如何なる返事を書くべきか。」勝頼が下問《げもん》した。「上杉殿の好意に対し、厚く厚く感謝し、もし敵が信濃路深く侵入した時は上杉軍の手によって打ち懲らしめる様お願いするというような返書の内容にしたら如何でしょうか？」跡部が答えた。

「ここまで事態が迫っているのにそんな悠長なことを……。今頼りになるのは上杉軍のみですぞ。」と昌幸は叫んだ。だが昌幸の意見に賛成して上杉軍に出兵を乞いたいという者は一人もいなかった。辰の刻の軍議で決まったことは28日に諏訪上原城から新府城へ本陣を引き上げるということであった。

新田次郎氏は武田勝頼の気持をよく汲んで見事に昌幸の忠誠を描いておられる。そして、勝頼は天目山へ死の行軍へと出発して行った。

5 幸村母・山手殿（昌幸正室）

出自については諸説があるが、京の公家・正親町実彦《おおぎまちさねひこ》（季秀《すえひで》）（信玄妹の婿）の縁戚等の女子で、武田信玄の養女とされる。

永禄7年（1564）頃に武藤喜兵衛（後の真田昌幸）に嫁ぐ。これは永禄9年（1566）に誕生する嫡子・信幸（信之）の前に、永禄8年（1565）に生まれた女子（村松殿）がいるため、昌幸と山手殿の結婚は遅くてもこの頃と推測されているためである。

山手殿は、昌幸が甲斐武田氏に仕えていた際には人質として甲府の新府城にあり、天正10年（1582）3月11日に織田信長による武田征伐で武田氏が滅亡した際には、何とか新府城から脱出して信州上田へ帰還した。

織田・徳川勢が迫る中、府中放棄を決定した武田勝頼によって帰国を許されたともいう。

慶長5年（1600）7月、関ヶ原の戦いの直前に大坂にいたため、石田三成の人質となって大坂城に拘留されるが、河原綱家（?〜1634）（山手殿にとって姑の兄弟）の機転により逃れて上田に帰還した。ただ、人質とは形式だけの事であったようだ。7月30日、大谷吉継は、真田昌幸・信繁（幸村）父子宛てに書状送り、大坂では妻子を人質に取っているが、昌幸室（山手殿）と信繁（幸

石田三成

村）室（大谷吉継の娘）は、自分が預かっているからご安心をと記す。同日、石田三成が、27日届いた真田昌幸の書状に返書を送り、挙兵の経緯について、家康が在坂している時は、諸大名の心が計りがたく、謀が漏れるのを恐れたため、昌幸に相談しなかったことを釈明しつつ、昌幸らの妻子は、信繁（幸村）の義父・大谷吉継が預っているから安心するように言う。慶長5年8月6日付で三成が昌幸に宛てた書状で「御内儀も大坂へ入り候、何事もなく候、宇多河内《うだかわち》父子も当城（佐和山城）留守居として今日当地へ参り候」とある。

関ヶ原終結後の同年、慶長5年12月12日、昌幸・信繁親子は16人の家来と信繁の妻女を伴って上田を発ち、九度山に幽閉されることになったが、山手殿は信之（信幸）に引き取られ、上田に留まった。この後、出家して名を「寒松院《かんしょういん》」と改める。

慶長6年（1601）頃から大輪寺で生活を始める。

慶長18年（1613）6月3日に死去。夫の昌幸の死（慶長16年（1611）6月3日）からちょうど2年後の事であった。昌幸の三回忌にあたるこの日に山手殿は自害したともいう。

法名・寒松院殿宝月妙鑑大姉。墓所は大輪寺（長野県上田市）、大林寺（長野県長野市）。

山手殿と昌幸の間に生まれた確実な子女は、長女の村松殿、嫡子の真田信幸（信之）、次男の真田信繁（幸村）だけであり、他の子女に関しては不明。

6 第三代　真田幸村―不器用にして知略家、人間味あふれる侍大将

兵士たちの心理を汲み取り、巧みに兵をまとめ上げた真田幸村（信繁）（1567～1615）は、鮮やかな戦術によって家康を苦しめた。鮮烈な印象と共に散り、後の世の色々の戦記で、その英雄像が出来上がった。しかしここは、虚像ではない、本当の幸村を見てみよう。大坂冬の陣の頃、容姿は初老の侍である。家康から恐れられた戦いの指揮や小兵力で大軍に挑戦し、戦果を上げた指揮官。そのさっそうとしたイメージからは異なる人だったのだ。

幸村は九度山で蟄居《ちっきょ》の頃、姉婿の小山田茂誠《おやまだしげまさ》（1567～1642）に出した手紙には「とにかく年老いてしまったことが残念でなりません。去年から急に老け込み、病が勝ちになり、歯も抜け、ひげも黒いものは少なくなりました。」と書いている。壮年期に夢も希望も無い暮らしを続け、その上最も信頼していた父・昌幸が死去し、心身共に疲れ果てていたのだ。『武辺咄聞書《ぶへんばなしききがき》』には、徳川方にいた叔父信尹《のぶただ》が西尾久作の持ってきた幸村の首に「前歯が2本無いだろう」と言ったという。『長沢聞書《ながさわもんじょ》』には「ひたひ口に2・3寸ほどの疵跡あり、小兵《しょうへい》成る人にて候」と記されている。幸村は背が低く、額には6～10㎝ほどの大きな傷跡があり、前歯がなく、髪やひげは白かったのだ。

真田幸村

これが幸村の本当の姿なのだ。性格は非常に温厚な優しい人だった。「物事柔和忍辱《にんにく》にして強がらず、言葉少く、怒り立つ事なし」これは兄信之が語った言葉である。さらに信之は、自分は「道具持ち」にすぎないが、幸村こそが本当の侍だと、二人の能力には差があったと言っている。

『翁草《おきなぐさ》』によると、幸村はひねくれたところがなく何時も明るく和やかだったので、秀吉は幸村を可愛がり、人質にも関わらず、大谷吉継《おおたによしつぐ》の娘を世話して結婚させた。

今に残る手紙に幸村の優しさが滲《にじ》み出している。冬の陣後に、講和条約により大坂城の惣堀《そうぼり》が埋め立てられた。家康はこれを埋めると一方的に三の丸、二の丸まで埋め、裸城《はだかじろ》としてしまった。大坂方は再戦を悟り、そして不利な戦いとなることは必至であった。幸村は自分の死を予見していたが、姉にそのことを感じさせまいと手紙を出している。「あすにかはり候はしらず候えども、なに事なく候」。（明日にでもまた戦になるやも知れませんが、今は何事もありません。）。この手紙の中から姉に心配をかけまいとする配慮が見えるのである。それから2ヶ月たった頃、姉婿《むこ》・小山田茂誠にあてた手紙では「我事などは浮世にあるものと、おぼしめし候」と告げている。
「小山田恒雄氏所蔵の手紙」。

真田一党

7 幸村父昌幸の長兄・真田源太左衛門尉信綱

幸隆（幸綱）の長男で天文6年（1537）信州小県郡真田郷、松尾城で生まれる。母は、真田家の譜代家臣・河原隆正の妹（恭雲院）。弟に真田昌輝、真田昌幸、真田信尹がいる。同母弟の昌幸・信尹らが幼年期から武田信玄に近侍しているため、信綱も早い時期から信玄に出仕していたと思われる。

『甲陽軍鑑』によれば永禄4年（1561）9月10日の第4次川中島の戦いでは父・幸隆と共に妻女山攻撃の別働隊に加わっていた。永禄6年（1563）の岩櫃城攻略の前後から、幸隆は上野吾妻郡での活動が主となっており、信濃の本願地は後継者である信綱が事実上支配していたと思われる。

戦場では専ら父・幸隆や弟の真田昌輝らと共に行動しており、幸隆と共に信濃国や上野国を転戦し、永禄11年（1568）には昌輝と兄弟で駿河国攻めの先鋒を担い、永禄12年（1569）の「三増峠の戦い」では昌輝や内藤昌豊と共に殿《しんがり》軍を務めて戦功を挙げている。その後も主要な戦いには必ず名を連ね、主に先鋒として活躍している。また近年では箕輪城城代であったとする説も有力で、準譜代としての待遇を得ていたようである。元亀3年（1572）の信玄の西上作戦にも従軍し、12月「三方ヶ原の戦い」では武田軍の先手を務めて奮戦した。

天正2年（1574）5月に幸隆が死去すると正式に真田家の家督を継いだ。

天正3年（1575）5月21日「長篠の戦い」では三尺三寸の陣太刀・青江貞を振り回し、馬防柵を次々なぎ倒しながら敵陣に迫るが鉄砲部隊の銃撃によって弟の昌輝と共に戦死した。享年39。信綱の首は着用していた陣羽織に包まれて、甲冑を着たままの遺体と共に、家臣（近習）の北沢最蔵と白川勘解由が甲斐に持ち帰った。この「血染めの陣羽織」は、真田昌幸が位牌所として建立した信綱寺（上田市）に収蔵されている。真田家の家督は勝頼の命により信綱の幼児らに受け継がれる事は認められず、武藤家を継いでいた同母弟の昌幸が継承した。

8 幸村の叔父・真田隠岐守信尹

武田家家臣・真田幸隆（幸綱）の四男として誕生。兄昌幸と同じく幼年期から人質として甲府に出仕した。主君武田信玄の命により甲斐の旧族である加津野昌世の養子となり、名門・加津野氏（和野、鹿角）の名跡を継ぐ。隠岐守の官途を自称し、武田勝頼に近侍して槍奉行を務め、加津野市右衛門尉信昌と称した。武田家では騎馬10、足軽10を率いる槍奉行としての地位にあったという。

元亀2年（1571）1月、信玄が北条綱成《つなしげ》の守る駿河深沢城を陥落させているが、これは信昌（信伊）の武功によるところが大きかったと伝えられ、この際に綱成の「黄八幡」の旗指物を奪い取ったという。兄・昌幸と同じように武田家の竜朱印状の奉者を勤め、天正7年（1579）6月25日付で二宮神主宛の居屋敷諸役免許状を出している。

蒲生氏郷

天正10年（１５８２）３月の武田家滅亡後に真田姓に復姓し、諱を「信尹」（真田隠岐守信尹）と改名する。昌幸らとは別行動を取っており、北条氏直に仕えたが、天正12年（１５８４）から３千石で徳川家康に仕えた。これらの別行動は、昌幸と連携した真田家自体の生き残り策とも受け取れる。天正10年（１５８２）９月、兄・昌幸が北条家から徳川家に乗り換える際には、依田《よだ》信蕃《のぶしげ》と共に間を取り持っている。徳川家中では使い番として、甲斐国巨摩《こま》郡内に３千石となり大蔵村（山梨県北杜市須玉町大蔵）に屋敷を構えた。その後、加増されて１万石となったが「それだけの働きをしていない」として浪人する。一説に秀吉の小田原攻めにて江戸城の無血開城の功績を立てたが、その恩賞に不満を覚えて家康の下を離れたとされている。その後、池田輝政を介して会津の蒲生《がもう》氏《うじ》郷《さと》に５千石で仕えるが、文禄４年（１５９５）２月に氏郷が死去して「蒲生騒動」が起こったため、慶長３年（１５９８）に再び徳川家康に甲斐で４千石を与えられて帰参した。慶長５年（１６００）の関ヶ原の戦い、慶長19年（１６１４）の大坂の陣で御使番・軍使として功績を挙げ、それにより１２００石を加増されて５２００石になる。大坂の陣で、徳川家康は本多正純を通じて、真田信尹に大坂城に籠城する真田幸村への工作を命じており、最後には信濃一国を与えると言い勧誘したとされる。また、幸村の首実検の確認を行ったのは信尹であるとする話が伝わる。その後は幕臣として徳川家に仕え、寛永９年（１６３２）５月４日に病死。享年86。子の真田幸政以降、子孫は代々旗本として幕府に仕えた。

9 真田一族の中に芸術的な剣豪が居た—正受老人

信濃松代城主・真田伊豆守信之（信幸）（幸村の兄）の子だったといわれる「正受老人《せいじゅろうじん》」（道鏡《どうきょう》慧端《えたん》（１６４２～１７２１））という老師が居た。

昔、兵法者が諸国の武将に、自分を売り込もうとする時「誰それに勝った、何回、戦場で働き、何回試合をして、傷一つ受け無かった」と言った経歴は勿論大切であるが、しかし、単に勝っただけでなく、その手練《しゅれん》の神妙を証明する経験をしていれば、宣伝効果は一段と上がったはずである。

この真田一族の剣豪老師も剣の芸術家である。19歳の時、信濃飯山藩主松平忠倶《ただとも》（１６３４～１６９６）の参勤交代に従って出府し、江戸麻布東北庵の至道無難《しどうむなん》（１６０３～１６７６）禅師に師事し出家した。

老師となって上田に在った頃、その「正受」の元に、或る日、武士が一人訪ねて来た。武士は言った「自分は20年このかた諸流の奥儀を極めて来ましたが、新しい流儀を立てるのに非常に苦労しております。何かお知恵をお授け下さい」ところがその言葉が言い終わらない内に「喝《かつ》」と一喝されたと思うと、武士は正受老人の拳固《げんこ》を顔面に喰った上に、蹴倒されていた。かくしてその青年武士は正受老人に参禅する様になったが、彼は余り従順で無かった様で、或る日、茶礼の後剣技を戦わせ、正受の批評を仰いでいた時「禅機が武技の理に合する事は判るが、いかに禅の高僧でも、剣を知らない人は結局、口先だけで実戦では凡手《ぼんしゅ》であろう」、そういう意味の事を言った。

そして試合となった。武士は木刀。正受は小さな団扇《うちわ》である。「打って来い。お前さんの木刀がちょっとでも、わしに触れたら、お前さんは天下の名人だ」「くらえ」と武士は打ちかかったが、太刀先は団扇を追うばかりで、とうとう老僧の体に触れる事は出来なかった。正受の兵法については「掲額《けいがく》」もあるから、かなりの剣豪だったのだ。

又、大塚鉄心という剣客が居た。血気の男で、或る日、常々心服している曹洞宗・龍泓《りゅうおう》という禅僧に「自分はこれから諸国を廻って名を売るのだ」と志を語った。「馬鹿は辞めなさい。人間は自分の〝分《ぶ》〟というものを、わきまえなければならないよ」、龍泓は鉄心を止めた。すると鉄心は「カァーツ」ときた。「何をぬかす、このクソ坊主」「仕方ない、どうしても鼻を折らないと」と言いながら、試合をした。鉄心は、せせら笑った。「この坊主、俺を随分と舐めやがったよなー、よーし！」、鉄心は戸張り竹を取り、対する龍泓は払子《ほっす》をとった。場所は暗い本堂である。鉄心は相対と同時に立て続けに打ち入れた。ところがどうしてか届かない。打っても、打っても右左にかわされて、挙句の果てには、払子の先で顔面をくすぐられるという「テイタラク」であった。敗れた鉄心は、龍泓和尚の弟子になり、頭を丸められてしまった。

彼は一念決起し、精心努力して〝鉄心流〟を起したという。『撃剣叢談《げっけんそうだん》』より。

10 実は「幸村」じゃなかった！名前の謎

永禄10年（1567）幸村《ゆきむら》（1567〜1615）は父・真田昌幸（1547〜1611）と正室・山手殿（1549?〜1613）の間に次男として誕生した。真田家はもともと東信濃小県郡（現・長野県上田市真田町）の豪族で、祖父・幸隆《ゆきたか》（1513〜1574）が武田信玄に仕えて多くの成功を上げて以後、武田家の有力家臣の一族として一目置かれる存在となった。幸村は甲斐国で生れたといわれ、幼名を弁丸《べんまる》。諱《いみな》、通称ではない本名は「幸村」と知られているが、実はこの名が生前の資料には一切出てこない。「幸村」と呼ばれる人物が、署名などで実際に使用した名前は「信繁《のぶしげ》」であったのだが、江戸時代以降、真田家を題材とした講談や小説のほとんどに「幸村」の名が使われ、世の中に広く知られてしまった。そのため、それが定着したのである。大坂夏の陣から200年近く後、文化6年（1809）徳川幕府の大目付から「幸村」名についての問い合わせを受けた信濃国松代・真田家は、「当家では、『信繁』と把握している。『幸村』名は、彼が大坂入城後に名乗ったもの」との主旨で回答しているという。幸村の由来については、諸説あり結論は得られていないが、幕府の「編纂」した真田家の家系図資料集までもが「幸村」を採用するほど、この名は浸透したらしい。さすが「大坂夏の陣・冬の陣・戦国期最後の大決戦」の大英雄ゆえである。

11 真田兄弟に疑惑あり、幸村出生の謎！

幸村と永禄9年（1566）生れの兄の信之《のぶゆき》（1566〜1658）とは〝1歳〟違いの兄弟とされているが、弟の通り名が「源次郎」であるのに対して、兄のそれは「源三郎」である。このことから、幸村は信之より早く生れたのではないかの疑問が浮び、それは側室の生んだ子供であるので、幸村は次男とされたという見方になった。しかし三男であった父・昌幸の通り名は「源五郎」で、四男の叔父信尹《のぶただ》（1547？〜1632）の通り名は「源次郎」である。これから考えても、出生の順とその名前の数字が逆であることは戦国期の他家にも多く見られる。真田家ではその頃、嫡出子《ちゃくしゅっし》の早死にが続いていたので、信之には縁起の悪い嫡子の名前は付けなかったとも云われている。また資料で確認できる幸村の生年は〃永禄10年（1567）〃と、もう一つ〃永禄13年（1570）〃と二つあり、信之の生年月日より後であることから見ても、幸村は次男であると認定出来るのに対し、幸村が、妾腹の子であった云う確証はない。これはこの〃英雄〃にまつわる出生の謎である。

12 幸村の六連銭旗《ろくれんせんき》と白菜幣《はくさいへい》

幸村のトレードマークといえるのが、6個の一文銭を横に並べた「六文銭」の旗印だ。これは正確には「六連銭」と称され、すでに幸村の祖父である幸隆の代には採用されていたと云われている。六連銭は仏教色の強い家紋でその由来は諸説あるものの、衆生《しゅじょう》が六道《ろくどう》（地獄道、餓鬼道、畜生道、修羅道、人間道、天道）を抜けて迷いのない浄土に至るための三途《さんず》の川の「渡し銭」が六文であることから、決死の覚悟で戦に臨む心意気をあらわしたという説が有力である。実際、この旗印は合戦の際に用いられたと伝えられている。幸村の最後の合戦となった大坂夏の陣の折にも、幸村は六連銭旗と采配に用いた白菜幣を所持していたといわれ、仙台真田家にそれと伝えられている遺品が現存する（真田徹氏蔵）。しかし、大坂夏の陣における幸村の旗指物《はたさしもの》や軍装の記述は「赤一色」であったとするものもあり、文献によってまちまちで、実際のところ、幸村がこれを使用したという確証は得られていない。だがいずれも幸村ゆかりの遺品であることには変りなく、劣勢を強いられた大坂の陣で孤軍奮闘《こぐんふんとう》の働きを見せた幸村の雄姿を彷彿とさせるのである。この六連銭の真田の家紋は、戦時に用いられた家紋であったといわれ、真田家はこれ以外にも平時用いたとされる結雁《むすびかり》金《がね》や、めでたい紋とされる州浜《すはま》などを用いていたという。江戸時代に軍記物である『真田三代記』には幸村の代から六連銭を使用し始めたという記述があるが、前述通り、実際には幸村の祖父幸隆の頃すでに使用していたのである。司馬遼太郎氏は『街道を往く』の中でこう述べておられる。「六文銭とか六連銭とか言われる彼の旗印が有効になったのはこの時と思われる。」この旗はかつて海野氏が用い真田氏が継承した。千曲《ちくま》川沿いの豪族郷士農民たちは、たいてい自分たちが海野氏の後《こう》裔《えい》であると信じていたために旗の下に集まる習慣をもっていた。六文銭こそ千曲川統合のシンボルマークだったようである。昌幸は千曲川流域を押さえる城が必要になった。彼はこの川の尼ヶ淵《あまがふち》というほとりに斬新な設計による城郭を起こし、松尾城（上田城）と名付け、当時流行の城下町も作った。その後、上方《かみがた》で興った豊臣氏に忠実だったことも律儀ものの好きな信州人に好まれるところあろう。豊臣氏に仕えたのは、一つは昌幸が近隣の家康がキライで、その勢力を豊臣氏によって牽制《けんせい》してもらいたかったことにある。～上田の六文銭の将より～

13 武田滅亡期、強敵の中、生き残った真田家。「幸村は人質に」

天正10年（1582）3月11日、武田勝頼（1546～1582）は甲斐天目山で散り、武田家は滅亡した。真田昌幸（1547～1611）は武田輩下の名将であったが、3月18日、織田信長の輩下に入り本領（上野国吾妻郡・利根郡、信濃国小県郡）を安堵される。しかし、同年6月2日「本能寺の変」で状勢は一変し、信州の真田領が「上杉・北条・徳川」の侵略の標的になり、大ピンチに陥《おちい》った。昌幸は、主家を「織田から北条」そして、「上杉から徳川」へと次々と変えながら、大勢力の輩下となりこの大ピンチを切り抜けた。

織田信長

当時の主家・徳川氏が真田の所領である〝沼田〟を無断で北条家へ割譲しようとしたため、昌幸は徳川から離反し、かねてから交情があった上杉景勝に臣従した。天正13年（1585）7月である。これを怒った徳川家康が兵をあげると〝昌幸〟は上杉に援軍を要請し、その代わりに18歳の幸村を人質として越後に送った。昌幸は臣従の証として、幸村に叔父・矢沢頼綱（1518～1597）の嫡子・頼幸（頼康）（1553

～1620）を付け、軍兵を添えて、上杉家に人質に出した。上杉の将・須田満親《みつちか》は、矢沢頼綱に手紙を送り、幸村の人質を謝し、真田家への援助を述べている。

幸村は、はじめは信濃の海津城（長野市松代町松代）に入り、そののち上杉のメインである春日山城（新潟県上越市）に入った。人質の期間は1年であったが、幸村は上杉景勝（1556～1623）に大切にされ、後に、彼の才能が花咲く教育を受けたのだろう。そして高禄の1千貫を景勝から頂き、人質とは云え、自由に行動していた。信繁（幸村）には徳川方に帰属した信濃国衆である屋代秀正の旧領三分の一が与えられた。景勝や直江兼続（1560～1619）から受けた教育は、幸村のその後の武将としての成長の大きい要素となった。

14 幸村の徳川との確執、ここにあり。「神川の戦い―第一次上田合戦」

幸村が越後に出向し真田昌幸が反徳川の旗を揚げると、家康は激怒し鳥居元忠《もとただ》を総大将として7千名の兵団で〝真田の本城、上田城〟を攻めた。その時、真田軍2千名と、徳川に対し三分の一の兵力。天正13年（1585）閏8月2日、徳川軍は上田城攻撃開始。昌幸は敵を二の丸に、引き付けるだけ引きつけて鉄砲を撃ち、大将自ら主力部隊を率いて敵を神川迄追い返した。その時は夏

上田城

期で大雨、神川は大増水。この「地の利」を利用し、真田の巧妙な作戦に徳川軍は激流に流され大損害を受け、閏8月28日上田から撤退して行った。同年11月、昌幸は、その頃、中央政権を握りつつある関白豊臣秀吉に臣従する事で家康に抵抗することとし、今度は上杉家も主家である豊臣の人質として幸村は、翌年5月、秀吉の下へ送られた。こうして真田昌幸（1547〜1611）と徳川家康との確執は、その後も続くことになって行った。こんな状勢で、次男の幸村は、青年時代は人質人生であった。これが、後年の天才的戦略戦術家の素地となったのは大きい事実である。

15 大久保彦左衛門の〝信州真田との戦い〟（第一次上田合戦）

天正13年（1585）閏8月2日、家康は「真田昌幸討伐」（第一次上田合戦）の戦いを起したが、大久保忠世（1532〜1594）・彦左衛門（忠教《ただたか》）（1560〜1639）兄弟、平岩親《ちか》吉《よし》、鳥居元忠による「上田城攻略」は失敗し、徳川勢は算《さん》を乱して敗走した。一度こうなると大久保兄弟が叱咤しようが、なだれる大勢をくい止める事は叶わない。しかも敗走する徳川勢の前方には、「烏帽子岳」に水源を発しやがて千曲川に合流する「神川《かんがわ》」が、折からの増水で満々と「河水」を膨らませて濁流となって横たわっており、逃げ渡る軍兵からおびただしい溺死者《できししゃ》を出した。

「南無三」忠世は、咄嗟《とっさ》の声を放って「かくなる上は、我等だけでも、この場を支えて見るぞ」「判りました」彦左衛門は即座に答えたが、この時、大久保兄弟の元に踏みとどまっていた郎党は僅か10余名だった。彦左衛門は、敵武者の姿が目に入ってから〝槍合せ〟が始まる迄の短時間がいやに長く感じられた。そうする内に、敵味方が激突する寸前に決まって訪れるあの妙に〝シーン〟と静まり返る〝一瞬〟がきた。するとにわかに河川の流れる音が高まり、葦《あし》の葉のざわめき、行々子《ぎょうぎょうし》（ヨシキリの別称）の鳴く声がはっきりと耳に入った。ふいに忠世が言った。「平助いよいよ始まるぞ、怖いか」「怖くなどありませぬ」彦左衛門は口を尖らせて憤《いか》った様に応えた。彼は〝果敢俊敏〟典型的な武将である兄忠世を全幅の信頼を置いている。この兄なら幾千幾万の敵陣へでも

平岩親吉

平然と突入成し得るほどの気持ちでいるのだ。真田勢と接触したのはその直後の事であった。「かかれい」大久保兄弟の下知《げち》に、10余名の郎党達も必死の気勢で応えた「おおっ」。たちまち河原は敵味方入り乱れの乱戦となった。彦左衛門の若い血は燃えた。彼が始めに槍を合わせたのは、黒具足に大身の槍を構えた、見るからに戦場馴れした〝豪の者〟だった。「こなくそ」彦左は数回の槍合せの果て、夢中でこれを突き伏せた。

「げえ!」彦左は敵の絶叫で目が覚めた。全身にべっとり脂汗をかいていた。彦左衛門は〝老年の夏こんな夢を見て目が覚めた「又も、埒《らち》も無い夢を見てしもうたわい」茫乎《ぼうこ》たる面持ちで彦左は〝ぽっん〟とつぶやいた。自嘲を込めての物言いであった。

慶長、元和《げんな》と経て、今や時代は寛永と変わっている。天正4年(1576)「遠江国乾合戦」の初陣も、天正8年(1580)「第二次高天神城攻略戦」も全て霧がかかった遠い昔の物語と化した。今頃、何故に「真田攻略」の夢など見るのか?彦左衛門はその契機なるものに、おぼろげながら思い当たるものがあるのである。

あの日、彼は黒具足の敵武者を突き伏せたのを〝一番手〟として、乱戦裡《らんせんり》を縦横に荒れ回った。忠世の金の揚羽蝶の差物と、弟、彦左の銀揚羽の差物《さしもの》は、さながら乱刃激闘の中を舞う様に動き廻った。10余名の郎党達も主人に〝遅れをとらじ〟として獅子奮迅の働きを見せた。その内にこうした大久保一党の働きを見て、一度逃げた味方の武者達も一騎二騎と戻って百騎程も集まった。これも一体となって防戦したから、流石《さすが》の真田勢もたじろぎ、持て余した様に攻撃を中止し「神川」を挟んでの対陣となった。

忠世は陣形を整えて「平助見い、真田勢は我等一党の動きに〝気〟を奪われている。今、もし他隊をもって本陣を突くならば、恐らく勝負は逆転さする事も、さしたる困難事であるまい」と言い、馬を駆って平岩親吉《ちかよし》の陣所に赴きこの秘策を計った。ところが親吉は顔色を変えて尻込みした「無謀極まりない」と言うのである。それではと忠世は、更に馬を走らせて鳥居元忠、保科弾正の陣所に訪れた。しかし両名も、親吉と同じく目を伏せて動かなかった。「ど奴も、こ奴も、わしの計略を、聞いただけで震え上がっておったわ」、戻って来た忠世は、彦左の顔を見るなり、吐き捨てる様に言った。「この戦い、我等の負けじゃ」その時、兄の憤懣やるかた無き姿を、そして死闘してくれた郎党達の落胆の表情を、今に彦左は忘れ得ない。

事実、徳川勢は「真田討伐」は失敗に終り、間もなく全軍撤退の止む無きに至るのである。ともあれこの場は大久保一党の働きによって、徳川勢は総崩れの危機から危うく免れた事が出来たのである。「あれで5・6千人の命が助かった」と彦左は思っている。「この〝真田討伐〟以後どれ程戦場を駆け巡った事か、よくぞ生き長らえてきたものよ」と彦左自身、不思議な感に耐えない程である。

槍奉行として出陣した「大坂冬・夏の陣」。事に東西両軍が激突した夏の陣。天王寺口岡山での戦闘では、流石の彦左でさえ「吾、生涯もこれまで」と観念した事であった。相手も、同じ〝真田〟

や〃毛利〃の軍に切り崩され、一時は家康の居所さえ判らぬほどの混乱状態に陥ったのだ。それでも彼は生き抜いた。五尺の体に無数の刀傷、槍傷を刻みながら。

遂に天下は徳川家掌中になり「真田攻め」の時、突入を拒否した鳥居氏は磐城平12万石の城主となり、平岩親吉は7万石犬山城主と、それぞれ出世の階段を昇ったが、彼は知行2千国の一旗本。彼が『三河物語』を書く気持ちになったのは、この様な時であった。これは応永初年より元和初年までの200余年に亘る徳川家の歴史というより、大久保一族が如何に徳川家譜代として誠忠に励んだのかを記録したものである。もとより他の目に晒すつもりは無かったから、幕政に対して遠慮会釈無く書き留めた。無論、「真田攻め」の下りでは、自分が照れるほど、筆は手前味噌に流れたのであった。寛永16年(1639)に80歳で死去。京都では、上京区寺町通広小路上ル上之辺町の光了山本禅寺に、大久保氏9名の墓がある。

16 名胡桃城《なぐるみじょう》と小田原攻め、真田の居城沼田を歩く

東京上野から、上越線で急行2時間半、利根、薄根、片品の三河川に囲まれた「沼田盆地」は、その利根渓谷を抜けたところにあり、千有余年の歴史と共に生きている。大昔は大湖水であったと

伝えられる〝沼田〟の地が、初めて文献に現れるのは平安時代である。歌人・源順《みなもとのしたごう》（９１１～９８３）が著した『倭名妙《わめいみょう》』に沼田（奴未太）と記されているのが、その最初なのである。

筆者が沼田へ着いたのが、夕暮近い午後5時半頃、薄い「靄《もや》」がかかって視界は良くなかったが、とりあえず名胡桃城跡へ行く事にした。この城は、ＪＲ東日本上越線沼田駅の次の駅の後閑駅《ごかんえき》から、直線距離で約1㎞の山中にある（群馬県利根郡みなかみ町下津）。付近は夕立があったらしく、畦の草は濡れていた。道もぬかっていた。名胡桃城跡は霞んでいたが、いかにも〝真田の要塞〟らしく、神秘的な感じのする城跡であった。天正の頃、沼田の支配権は確固としたものが無く、天正10年（１５８２）頃には〝真田氏〟と、小田原の〝北条氏〟との間で攻防戦が展開されていた。真田勢の前線基地である長井城、阿曽城、鎌田城などは、早くも北条の軍門に下り、やがて、聖域たる沼田城にも北条の魔の手が伸びていたが、真田昌幸の城代・矢沢頼《より》綱《つな》（真田幸隆の弟）（１５１８～１５９７）は、よくこれを撃退した。天正13年（１５８５）の事である。当

沼田城跡に復元された本丸太鼓櫓

時、織田信長は「本能寺」で倒れ、豊臣秀吉は天下の大名に上洛の命令を出していた。その命令に中々応じようとしなかったのが、仙台の伊達氏と小田原の北条氏で、北条氏は上洛の交換条件として、沼田全土の安堵を要求した。その結果、天正17年（1589）7月には沼田城を含む利根川東領域、実に沼田の三分の二を北条領、残りの三分の一の利根川西側を真田領と決定した。そこで沼田城へは北条氏の城代猪俣能登守邦憲が詰め、名胡桃城には真田の城代鈴木主水重則が詰める事になったが、猪俣はこれを快しとせず、同年10月には、真田昌幸の偽書を鈴木の許へ送って、信州上田に赴かせた留守に、名胡桃城を攻略してしまった。鈴木主水は、責を感じて沼田の正覚寺で11月3日、自刃した。事の事実は真田昌幸から秀吉の許に届き、ここに有名な秀吉の〃小田原攻め〃が開始される事になり、北条氏は滅亡の憂き目を見たのである。この北条氏、恨みの城となった名胡桃城跡には、徳富蘇峰の手による『名胡桃城趾之碑』が大正期に建てられていた。

17 忍者と関係があった真田家

一説によると真田の祖先は伊賀の出身であったとも云われている。『加沢記』（沼田藩の祐筆であった「加沢平次左衛門」によって江戸時代初期に綴られた手記）には、天正17年（1589）北条家の軍勢が岩櫃城《いわびつじょう》（群馬県吾妻郡東吾妻町）近くを襲撃した際、「天狗山伏」が岩櫃城の状況報告をしたと云う記述がある。真田家では代々〝山伏《やまぶし》〟や〝高野聖《こうやひじり》〟などの〝忍びの者〟たちをスパイ活動に利用していた。その後、武田の家臣となってからは「透波《すっぱ》」と呼ばれる〝忍者部隊〟が、真田軍として活躍していた。江戸期になり、真田幸村は講談本の英雄となり、幸村の家臣として活躍する〝猿飛佐助〟、そして『真田十勇士』として、明治44年（１９１１）大坂の立川文明堂から少年文庫本「立川文庫」が刊行された。これは江戸期流行の講談本をもとに古今の英雄たちを描いたもので、第40編の「猿飛佐助」で人気が爆発し、一大ブームを起こした。この猿飛佐助は、戦国期の幻術師で「飛び加藤」と称された加藤段蔵（１５０３〜１５６９）の様な〝忍者〟のヒーローである。

この十勇士の背景には幸村の蔭のサポーターが居た。山伏と巫女《みこ》である。真田の里の近くにある霊山・四阿山《あずまやさん》は山伏の修行地で、棒術、刀術に優れていた彼らは、戦いになるとスパイや伏兵《ふくへい》として参加していた。幸村や父昌幸は山伏のネットワークで、諸国の情報も把握していた。南北朝時代（１３３６〜１３９２）北条の大軍に対抗した河内の楠木氏も、バックには山伏集団のサポートがあったと云われている。この中でも羽黒山（山形県鶴岡市）の羽黒山伏は真田家と密接に結びついていた。諸国を廻り祈祷を生業をとしている禰津《ねっ》、長野県小県（長野県東御市）の「歩き巫《み》女《こ》」の存在も大きい。これもスパイ集団で、武田のサポーターであった。

■真田家自体、阿ヶ羽黒山の山伏信仰とも密接に結びついていたらしい。出羽羽黒山の家老五人衆の内に真田家があり、幸村の庶子・宥清（源次郎）が継いだとされる。真田式部家自体が信州真田の分流であり、幸隆の庶子といわれる真田式部大輔清鏡（1541?～1599?）という、南部の天正19年（1591）「九戸政実の乱」で活躍した人物が、この式部家の人間で山伏だったといわれるし、清鏡の後の醍醐坊自体も、真田七郎右衛門家が継いでいるという。（橋場日月著『真田三代』、柴辻俊六『真田昌幸』（人物叢書）より）。

18 幸村の〝23歳〟の遅き初陣

天正17年（1589）7月、父真田昌幸は秀吉の裁定により、上野国沼田領の三分の二を北条家に割譲、代りに名胡桃《なくるみ》城のある〝残り部分〟の所有権を獲得したが、これに対して北条方が違約し、10月23日、名胡桃城を占領した。その時〝城代〟の鈴木主水《もんど》（重則）は、偽手紙で城を留守にしていた。彼はその責任をとり沼田の正覚寺で切腹した。このことを重く見た秀吉が〝北条に対し宣戦〟を布告し、翌天正18年3月1日に小田原へ北条征討軍を出兵した。昌幸と幸村も、これに従軍。幸村23歳、当時としては遅い初陣だった。幸村は3月15日の戦闘「碓氷峠の戦い」で、敵軍北条方の上野国松井田城の兵を追い返し、高名をあげる。真田隊は前田、上杉隊と軽井沢で合流し、碓氷峠にさしかかった。この「北国隊」は、前田利家を総大将とし、前田慶次、上杉景勝、直江兼続らがいた。「碓氷《うすい》峠《とうげ》」は上信国境の要であり、北条軍も防衛に意を注いできた。また、峠道であり大軍の動きが鈍る場所であった。松井田城主・大道寺政繁は碓氷峠で先制攻撃を仕掛けようと、与良与左衛門をはじめとする８００の兵を置き待ち構えていた。真田軍は信幸（信之）がまず碓氷峠と松井田の物見に出た。そこに、待ち構えていた与良勢と遭遇し、激しい戦闘になる。物見の信幸一行は少数であったが、奮戦し与良を討ち取り与良勢を撃退する。

忍城跡公園

　その後、真田軍は大道寺軍と遭遇し乱戦になる。初陣の幸村は大道寺軍に突っ込み壊乱させるなど活躍する。そして、彼らの奮戦等の結果、北条氏は降伏し、真田の所領は安泰となった。その後、秀吉は天下統一に成功し、秀吉の朝鮮出兵の際は「肥前名護屋城」の守りに就き九州へ出兵した。この時の幸村は周囲に敵なく、平和な青春時代を過ごした。

19 幸村の結婚が、命運を決めた！

幸村は、秀吉の奥州出陣に父や兄と共に参戦し、〃文禄の役〃には後方任務として父や兄と共に九州肥前名護屋城へ出陣。文禄2年（1595）秀吉は、明《ミン》が提示してきた講和案を受諾、「第一次朝鮮出兵終了」。そして文禄3年（1594）11月12日、27歳の幸村は「従五位下」左衛門佐に任じられ、秀吉から〃豊臣姓〃を贈られるほど可愛がられ、目をかけられた。この、一時平和が巡ってきた時期に、彼は運命の結婚をした。大谷吉継《よしつぐ》の娘・竹林院《ちくりんいん》（利世《りよ》）（?～1649）を妻に迎えた。大谷吉継（1559?～1600）は頭脳明晰な知将で、豊臣政権内でも重要な人物であった。しかし、この結婚が後の「関ヶ原合戦」の時、真田家を二分することになる。大谷吉継は、石田三成（1560～1600）と親しい仲で、関ヶ原の作戦参謀であった。豊臣氏によって、信州の国人領主の様な小藩が生き延びてきた恩義の為、真田昌幸と信繁（幸村）父子は西軍に与《くみ》することになった。また、この結婚が西軍参加の一大要因でもあった。

竹林院は、関ヶ原の戦いで父と夫が西軍につき、彼女は義父・真田昌幸の正室（山手殿）（1549?～1613）と共に実父の吉継に保護されていた。戦後は信繁（幸村）に随行して九度山に幽閉される。九度山での生活は厳しく、彼女自ら上田地方の紬技術を応用した「真田紐」を考案し、家臣たちに行商させて、生計を支えていたとされる。慶長19年（1614）の信繁の大坂

名護屋城跡

城入城に従う息子の幸昌には、「再び生きて会いたいのは山々なれども、私達のことは案ずることなく、御父上様と生死を共になさいますように」と話し、送り出したという。

慶長20年（1615）5月7日に大坂夏の陣で幸村が戦死すると、徳川家康に命じられた紀伊藩主・浅野長晟《ながあきら》の捜索により、5月20日に紀伊国伊都郡で娘あぐりと3人の侍に警護されて隠れていたのを発見され、5月24日に京都の家康に引き渡されたが、「お咎め無し」となり以後は京都で、娘かね夫婦と暮らす。慶安2年（1649）5月18日に京都で亡くなる。本名は史料に残っておらず、法名の「竹林院殿梅渓永春大姉」だけが伝わる。墓所は臨済宗妙心寺塔頭、大珠院。

三　関ケ原の戦い頃

東軍・西軍に分かれた真田家

20 海音寺潮五郎氏の見た「真田親子」

「武将列伝」の初出は、昭和34年～38年（1959～1963）「オール読物」、「小説中央公論」、「週刊現代」である。中野好夫さんの、同氏の史伝に対する答弁に書かれている「真田親子」。

中野さんの疑義は、拙著「武将列伝」に収められている「真田昌幸」伝の一節に、関ヶ原役の時、真田一族が「昌幸と次男の幸村」は西に味方し、長男の信幸（後の信之）は東に味方した事について「何れが勝っても、家の滅びぬ様に」と、この処置を取ったのと説があるのは「人情に遠くて」信じられないと書いた点にある。僕（海音寺氏）が「人情に遠い」と書いたのはこういう事は、小説家などが机の上で、人事として考える時にはよく湧いてくる工夫であるが現実に「人情に遠い」という意味であった。中野さんほどの人にも正しく理解の出来ない様な「舌足らず」な表現をしたことは、文章をもって本業としている者として、誠に恥ずかしいと言っておられる。以て私はあの伝記に書いた様に、信幸（信之）が家康に味方したのは、彼は多年家康に仕えている上に、その妻は家康の養女、本田忠勝の女（娘）であるところからであり、幸村は秀吉に数年近侍して、豊臣家に恩義をこうむること深い上に、その妻は石田方の参謀長的位置にある大谷刑部（吉継）の女（娘）であることからであると思っている。今日の人々は、この時代の武士を、極観念的にしか考える事が出来なくなっているから、「信幸ほどの武士」「幸村程ほどの武士」が、妻の縁にひかれる様な事はあろうはずが無いと思いたがるが、人情というものは、昔も今も変わるものではない。疎遠な者より、親近にいる者の方が、心がひかれるのは、古今変わらない人情である。親近していれば自然その方が良いと思われているのも人情だ。信幸は徳川方にひかれ、石田の挙を、好意をもって見る事が出来なかったのは極めて自然である。「幸村が、この反対」であったのも、又、最も自然であると、私は思うのだ。「野州（下野国）」における家族会議での兄弟の論争は、随分激しいものであったらしく、今にも斬り合いにも及びかねない程であったと言うが、『慶長年中卜斎記』によると信州上田へ引き上げる途中、信幸の居城である、沼田（上州）を通過する時、幸村は場合によっては、沼田の町中を焼き払わなければならぬ、仕儀に立ち至るかも知れぬ故、「その方まず行って様子をうかがえ」と、家老の木村土佐（木村土佐守綱茂）（1554～1631）を先発させたという。又、父子が信幸夫人「小松」の峻拒《しゅんきょ》によって城内に入る事を許されず、城下の正覚寺で休憩している時、石庵という半俗《はんぞく》が来て「伊豆守様（信幸）が、お出でに成らぬ様でありますが、如何遊ばれました」と尋ねたとき、幸村が「伊豆守殿は、浮木《うき》に乗って風を待っておられるわ」と、噛んで吐き出すように答えたので、石庵、済まぬ挨拶（不思議な返事）と、座を退くと、ある。「卜斉記」は相当信用度の高い書物であるが、これにこうあるのだ。相談し合って何れが負けても、家の存続が出来る様にと、敵味方に別れた者が、こんな言葉を吐くとは、私は思われないのである。始め上げた様な伝説があるのは、後の人が机の上で考え出したに違いないと思うのである。中野さんも書いておられる様に、こういう伝説は、既に『保元《ほうげん》物語』にある。鎮西八郎為朝《ためとも》が、兄義朝《よしとも》の内冑《うちかぶと》が明らかで、誠に射よげに見えたので、大矢をつがえて引き絞り、今にも切って離そうとした途端「待てしばし、父と兄との間に何れが勝っても、とりなして庇い合おうという約束が出来ていたかもしれない」と思案して、一旦、「つがえた矢」をはずしたとあるのだが保元物語が、虚構と誇張の多い書物である事は説明するまでも無い。例えばこの物語では、この時の戦いに、相模の国の住人・大庭景義は、為朝の大雁股《おおかりまた》の矢にかけられて、左の足を膝下から射切れたこととなっているが『吾妻鏡』を見ると、この時から二十数年後の石橋山の合戦に、景義は五体健全な男として、頼朝の許に馳せ参じている。史実的には「保元物語」より「吾妻鏡」の方を信用するのが常識である。又、この時の戦いの前に、白河殿で軍議が行われた時、為朝が奇襲策を献策したのを、悪左府頼長がしりぞけたと、この物語には書いてあるが『愚管妙』には、奇襲策を献策したのは為朝の父、為義であるとある。為義は新院の味

鳥居元忠

方の勢いが少ないのを案じて献策している。歴史上の事は確実な古文書でも発見されない限り確定的な事は言えない。

海音寺氏は「真田親子」の東西対立について、こんな見方をされている。筆者青木の住んでいる宇治でも、当時宇治の国人上林家も、父は西軍石田方に付いた。上林家長男は東軍に付き、一族郎党は、伏見城で城将の鳥居元忠と共に果てた。長男のこの働きが評価され、西軍に付いた上林家ではあるが、関ヶ原合戦の後も取り潰されることはなかった。江戸期になると領地は徳川家の天領となるが、上林家はその代官職として幕末まで続いた。これは幸村親子と対照的である。伏見城攻防戦では、広野（宇治市広野町）では多くの戦死者が出た。その供養の為、家康は圓蔵院という寺院を桃山城の材木で建立し、寺領を与えて新田開発を命じた。今、JR奈良線新田駅《しんでんえき》として地名に残る。

21 真田家の危機、幸村と父の選択

上田市立博物館に「真田父子犬伏密談図」がある。真田家を二分する〝決定会議〟下野犬伏《しもつけいぬぶし》の密議を描いたもの。秀吉の死後、天下をねらい勢力拡大の動きを強めてきた徳川家康と秀吉の寵臣《ちょうしん》石田三成は、次第に対立色を大きくして行った。その頃、東北の上杉景勝《かげかつ》が〝巨大な築城〟に取りかかっていた。この件で、上洛を要請した家康に対して、直江兼続の有名な「直江状」が送り届けられ、上洛を拒否する上杉に対して討伐出陣となり、〝幸村〟は「父昌幸、兄信之」と共に家康軍に参加し会津に向けて進軍した。慶長5年（1600）7月のことだった。同年7月21日「幸村、昌幸父子」が滞在していた下野国犬伏に、「三成・大谷」らから決起を知らせる手紙が到着し、幸村ら父子三人は東軍、西軍、どちらにつくか大議論となり、話し合いは中々決着がつかない。途中、家臣の河原綱家《つないえ》が、心配して様子を覗きにきた。イライラしていたので「知将昌幸」も、怒って下駄を投げつけ歯を折ったと云う話が残っている。真田家は大ピンチに見舞われていた。結局、激論の長時間の「犬伏の密議」は「幸村と昌幸は石田方」「兄の信幸は徳川方」につき、一家を二分することで、真田家滅亡を避けた。この裏には、兄信幸（信之）の夫人は徳川方の本多家出身、弟幸村の夫人は石田方の大谷家出身という構図であった。そして、昌幸と幸村は、徳川秀忠を上田城で苦戦に陥《おとしい》れ、関ヶ原合戦に遅参という汚点を描かすことになる。

22 真田家を遺した、兄（信之）

真田幸村の兄・信之（信幸）は、幕末期に佐久間象山を生み出した〝信州の名家〟松代藩真田家の源となった人物である。父昌幸や弟信繁（幸村）に比べれば地味でこの二人の蔭になってしまっているが、真田家存続に尽くした人物である。

永禄9年（1566）3月、武藤喜兵衛（後の真田昌幸）の長男として生まれる。幼名源三郎。父・昌幸（1547〜1611）が甲斐の武田家に臣従したため、信幸は弟幸村、母山手殿（1549？〜1613）と共に、武田家の人質として甲斐躑躅ケ崎（山梨県甲府市）で過ごした。

『加沢記』に拠れば、天正7年（1579）11月16日に武田勝頼の嫡男・信勝の元服と同時に元服を許され、信玄の1字を賜って信幸と名乗ったとされるが、「信」の偏諱は勝頼からとする説もある。初見史料は天正6・7年の『真田氏給人知行地検地帳』で、「若殿様」として名が見られる。

天正10年（1582）3月に武田家が織田信長の武田征伐によって滅ぼされると、同じく人質だった母の山手殿と共に上田の父の元へと逃れた。天正12年（1584）、真田家は小県郡を支配する室賀氏と争い、小規模戦闘にて勝利を重ね、和睦に持ち込む。直後7月に信幸（信之）は父・昌幸と共謀して当主・室賀義澄を殺害し、真田氏は小県郡を支配下に収めた。同年、なおも真田領を狙う北条氏の侵攻に対し、北条氏邦の奇襲を察知した信幸は吾妻仙人ヶ窟にてこれを撃退している『松城通記』。天正13年（1585）閏8月2日、神川《かんがわ》の戦い（第一次上田合戦）。弱冠20歳の信幸（信之）は、別働隊を率いて国分寺付近で徳川軍の側面を衝き、敵を混乱に陥れたという。この頃から信幸（信之）は父から沼田城（群馬県沼田市）を任されていたらしい。

天正14年（1586）11月4日、真田昌幸は、秀吉の命令で家康の与力大名となった。そして信幸（信之）は、天正17年（1589）2月13日、駿府城に出仕（実質は人質であった）。ついで、この年9月、徳川四天王の一人・本多忠勝の娘で家康の養女（秀忠の養女とも）〝小松姫〟（1573〜1620）と結婚し、徳川の家臣としてこの婚姻関係は成立した。天正18年（1589）3月、信幸（信之）は、父・昌幸、弟・幸村と共に小田原北条氏攻略戦参加「小田原の役」。6月には、秀吉の奥州出陣に参加する。天正18年（1590）7月13日「秀吉の知行割令」で信幸（信之）は上野国沼田城5万石、父昌幸は北信濃4郡15万石を与えられる。

文禄1年（1592）2月上旬、昌幸、信幸、幸村、朝鮮の役に参陣、肥前名護屋に赴く。名護屋での真田家父子の役目は後備であったらしく朝鮮へは渡海していない。文禄3年（1594）11月2日、「豊臣信幸」の名で従五位下伊豆守に叙任。豊臣四大老らと家康が争う中、慶長4年（1599）1月21日、信幸（信之）ら家康派の諸将、五奉行らが家康を暗殺の謀ありという事で、

砥石城跡遠望

夜毎、家康邸に詰める。慶長5年（1600）6月29日、昌幸、幸村は、「家康の上杉征伐」で、合流するため上田城を出発。7月19日、信幸（後の信之）は他の諸将と同様、江戸まで兵を率いて将軍秀忠のもとへ参陣し、他の徳川家臣と共に徳川本隊としてこの日、江戸を出陣。8月21日、信幸は、会津と上田の中間に位置する上野国沼田で国境の警備を指揮するために、居城沼田城（群馬県沼田市西倉内町）に向けて出発する。8月23日、徳川秀忠は信幸に中山道隊への参陣を命じる書を発する。秀忠は、「明24日この地を立って、信濃国小県を攻めるから、信幸（信之）もそのように心得て、小県へ出馬するように」と記す。9月5日、「第二次上田合戦5日～9日」、はじまる。9月6日朝、戸石城（伊勢山城）（長野県上田市上野）にいた真田の軍兵が、城を棄てて逃げ去る。信幸

（後の信之）は、弟信繁（幸村）の守備する戸石城を占拠。兄弟対決を嫌った信繁（幸村）が戸石城から上田城へ退却したという。そして信幸（信之）は運命の別れ道、9月15日〝関ヶ原合戦〟で徳川東軍の将として勝利した。石田三成方西軍に参加し、上田城で徳川秀忠軍を足止めし苦しめた父昌幸と弟幸村は、兄の助命嘆願により家康から一命を許され、12月12日、高野山の麓の九度山に配流となった。この頃に兄は父から与えられた「信幸」の名を〝信之〟に改名したと云われている。そして信之は沼田に加え、父昌幸の旧領地の「上田」を与えられ上田藩主となった。その後、徳川家の命により上田城は破却されたため信之は城近くに屋敷を建て、ここで上田領の統治をすることとなった。上田市役所奥の長野県立上田高校がその屋敷跡である。一時は敵になったとはいえ、信之と妻・小松殿は配所の父や弟を気遣い何度も書状を送っている。また、生活費や身の回りのもの、食料なども時折送っていたようだ。その間にも信之は父弟が信濃へ帰れるように徳川家に運動していたようだが、それが許されることはなく、慶長16年（１６１１）6月4日、昌幸は九度山（和歌山県九度山町）の配所で65年の生涯を閉じた。信之は父の葬儀のことについて家康重臣・本多正信に相談したが、戦犯であるため葬儀はしない方が良いと言われ表立っての葬儀はできなかった。昌幸が亡くなると昌幸に従って紀州へ赴いた家臣16名の殆どが上田へ帰ってきたが、信之はその家臣たちの長年の労をねぎらい暖かく迎え入れたという。

そして慶長19年（１６１４）10月4日、「大坂冬の陣」では、真田信之は、幕府より大坂参陣を命じられるが、病臥中のため、嫡男信吉（1595〜1635）・次男信政（1597〜1658）を名代として参陣させる。信吉・信政は叔父・本多忠朝（母・小松殿の弟）が指揮する二番隊に編入されたが、信之が最も恐れていた息子たちと弟・幸村の直接対決はなく、大坂冬の陣は和睦と言う形で終わった。

元和3年（1617）3月、信濃国上田藩初代（9万5千石）・真田信之は、居城を上野国《こうずけのくに》沼田から上田に移す。沼田城3万石は、信之の嫡子である信吉が城主となる。元和8年（1622）8月20日、2代将軍秀忠により、川中島1万石を加増のうえ信濃国松代藩へ移封を命じられる。沼田と併せ13万石を領す。10月20日、川中島へ入部。長男・信吉は、上野国沼田藩主として3万石の所領を相続。次男・信政は、領内で1万7千石を分知され大名に列する。万治元年（1658）10月17日、死去。享年93。真田の誇りを持ち続け、維新まで真田は信州「松代」で続いた。

23 真田昌親—昌親、出遅れる

関ヶ原の戦い直前。石田三成からの書状を読んだ真田昌幸・信繁（幸村）親子は長男信幸（のちの信之）と三男昌親《まさちか》（内匠）（1583〜1632）へ置手紙をして、こっそり陣屋を引き払い沼田へと向かった。置手紙を読んだ信幸はすぐに家康の所へと赴き父と弟の裏切りを知らせたため、家康にたいそう感謝された。

昌親も置手紙を読む。

「なんてまぁ困った事が起きたものだ。父上は気が狂ったに違いない。きっと兄上（信幸）の所にも同じように置手紙をしているだろう。」

昌親は手紙を握り締めて信幸の陣へと向かったが、兄はすでに家康の元へ行って留守だった。

「ならば自分も家康殿の所へ行こう。」昌親は大急ぎで家康の本陣へと向かった。

その頃、昌親の陣へ家康からの使者が来た。

「真田信幸殿から事の次第を聞いたのでお尋ねに参った。先ほど真田昌幸・信繁（幸村）殿の陣へ使いをやったが二人ともいつの間にか陣を引き払い出て行ってしまっている。昌親殿はどうなさるおつもりか？」

使者がいくら待っても昌親は現れなかった。使者は家康の本陣へ戻り

「真田昌親もいなくなったようです。」と報告。昌親も裏切ったと皆は思った。

それから少し遅れて、昌親が家康の本陣に現れた。

（今更ノコノコ現れてこいつ、いったいどういうつもりだ）と皆は昌親を怪しんだが、昌親が信幸と同じように父と信繁の出奔を知らせたため特に罰は与えず、その身柄を真田信幸に預けた。

昌親はそのまま信幸の下で一生を無下に送ったという。「真田家御事蹟」。父昌幸と兄幸村が九度山に蟄居した際には、生活費を届けにも出向いたという。昌親三男の信親は本藩から分知され旗本となり、2千石を知行した。

■昌幸にはもう一人、四男の左馬助信勝がいた。幕府旗本であったという、慶長14年（1609）、江戸において近江膳所城主・戸田氏鉄の弟勝興と喧嘩、斬殺されたとも、相手を斬って逐電し、同年6月19日死去ともいう。

24 義父と義弟を門前払いした信之夫人の小松殿

慶長5年（1600）上杉攻め途上で石田三成の決起を知った家康は、さすがは天下人となる人物で、上杉討伐軍の各将に対して、東軍につくか、西軍につくか自由選択を示唆した。このあたり、非常に上手な戦略であった。7月25日の有名な「小山《おやま》評定」である。

「犬伏の密議」により、西軍につくことにした幸村と昌幸は、東軍についた信幸（信之）と別れ信州へ向かう。そして上田城（長野県上田市二の丸）に向かう途中、信幸（信之）の沼田城（群馬県

小松姫

沼田市）に立ち寄ろうとした。この時、城主の信幸（信之）は家康に参陣し留守中である。そこで、意外な対応を受ける。長男〃信之夫人〃〃小松殿〃は「たとえ義父であろうと、今となっては敵、お城にお入れすることはできません」とキッパリと断わり、入城を拒絶した。これに驚きつつも、義父昌幸は「これは我が過ちであった。さすがは本多忠勝殿の娘である。この女性のある限り、真田家は安泰だ」と云い残し、沼田城を去ったといわれている。

この小松殿の父本多忠勝（１５４８〜１６１０）は、徳川臣団の中でも武勇で知られ、その娘小松姫（１５７３〜１６２０）も、父の名に恥じない豪女であったと云われ、この有名な話を日本の戦国史に残した。関ヶ原合戦のあと、幸村処刑に際して、夫信之の必死の嘆願と共に、小松殿が父忠勝より家康へ頼んだと云われる。また幸村と不仲とも伝えられている。小松殿は、元和6年（１６２０）2月24日、人質として滞在していた江戸から草津温泉に出掛ける途中で病死。夫・信之は「我が家から光が消えた」と大いに落胆したという。

25 沼田の史跡を歩く「烈婦　小松姫」

群馬県北部の沼田市街には神社仏閣が多く、中でも中心部にある鍛冶町の正覚寺は有名である。ここは名胡桃城の一件で、鈴木主水が自刃した場所である。これにも増して真田を語る上で有名なのが〝小松姫〟、彼女のお墓がここにある。真田昌幸は天正10年（1582）頃、徳川家康の傘下にあった。人質として長男の信幸（信之）を家康に送っていた。家康は、四天王の一人・本多平八郎（忠勝）の娘を自分の養女として、信幸と結婚させた。これがその後、真田家が東西に分れる原因となった。関ヶ原の戦に際して、石田三成決起の知らせが届いたのは、真田が上杉攻めに従事していた時だった。ここで兄信幸は東軍

本多忠勝

へ、弟と父は西軍へ分れて参軍する。昌幸と幸村は上田城に向けて出発、途中、沼田を通過する時「沼田城」で宿泊を申し入れたが、信幸の妻で城を預かる小松姫の拒否にあった。この小松姫は元和6年（1620）48歳で没した。夫の信幸は、その死を深く傷み「吾が家の燈火消ゆ」と嘆いた。そして寛永元年（1624）には菩提を弔う為に、信州上田大英寺に位牌堂を建立し、両雄会見の図を寺に奉納した。中国秦時代の、かの項羽《こうう》、劉邦《りゅうほう》の鴻門《こうもん》の会の図。生前にこの枕屏風を愛用した小松姫の女丈夫が偲ばれる。小松姫は大蓮院殿英誉皓月大禅定尼となられた。一般的には大蓮院と呼ばれている。沼田の正覚寺を出て、近くの了源寺、愛宕神社、金剛院を巡る。

そして沼田城へ。現在は公園となっているが、この真田の城に纏《まつ》わる「秘話」は多い。沼田の歴史はこの城の攻防戦に尽きるだろう。そして戦国時代に入り、沼田万鬼斎（顕泰《あきやす》）は凡庸な武将では無かったが、北関東に覇を唱えるにはどうしても有してはならぬもの、〝女性への愛〟を持ち、営々と500年間この地で築いたものを滅亡へと追い込んでいった。

天文年間、万鬼斎は東上州の温泉で入浴の際、追見村の金子某の娘を愛し、名を〝湯のみ〟として側室とした。その子が沼田氏最後の主、平八郎景義（1552～1581）である。正室との間に既に子供があったので、家を三男に譲り、〝湯のみ〟と平八郎とで「川湯」に引退した。そして、〝湯のみ〟の兄・金子新左衛門（美濃守泰清）という者を、譜代の重臣和田掃部介《かもんのすけ》と同役に引き上げた。〝湯のみ〟と金子は謀って、和田が城主の奥方と不義をしていると言いふらし、重臣和田を高野山へ追い出し、続いて城主弥七郎を「川湯」で謀殺したが、城の奥方一族郎党が結集し「川湯」を攻め、万鬼斎、〃湯のみ〃と平八郎は会津芦名を頼って、雪の尾瀬戸倉を越えて落ち、途中〃湯のみ〃は病死し、万鬼斎も会津にたどり着きはしたものの、ほどなく病死した。平八郎は東上野の矢羽氏を頼った。この永禄の騒動の影の首謀者・金子美濃守泰清は、その後上杉や北条、そして真田と続く中、沼田衆として生き残り、城内にて重臣として仕えていた。対武田勝頼の前線基地としての沼田城を重んじた、領主真田昌幸は、この伯父金子に「平八郎を討ち取れば千貫文の土地を領地に与える」と約束し、ウズラの血で書かせた起請文を平八郎に届けさせた。「主君としてお迎えしたい」という伯父の言葉を信じた平八郎は、沼田城にて謀殺される。美濃守泰清はというと、昌幸の約束は履行されず、泰清はかつての主殺しとして減俸され失意のうちに死亡したとされる。沼田氏は滅びた。今は、天守閣の跡に御殿桜、樹齢400年の老桜樹が、城の歴史を伝えている。

26 真田昌幸、幸村の歴史に残る守城戦「第二次上田合戦」

関ヶ原参戦のため中仙道を進む徳川秀忠軍の前に立ちはだかったのが、西軍に与した上田城の真田幸村父子であった。幸村と父昌幸は、3千名の兵と共に上田城に籠城した。これを一気に攻略し

徳川秀忠

通過しようとした徳川秀忠軍は、慶長5年（1600）9月5日、城の東側の高台に3万8千名が着陣した。徳川軍は野戦に持ち込むべく、収穫期の来た稲田に入り、稲を刈り取り兵糧を取る作戦を仕掛けてきた。真田軍は小部隊を出撃させ、敵を上田城壁まで引き付けて城内から一斉射撃を仕掛けて、これを追い返した。そして神川《かんがわ》を堰《せ》き止めておいて城の東側に伏兵を配し、林の中から挑発し徳川軍を城下迄おびき寄せると〝幸村〟が兵を率いて城内より突進し、これと同時に伏兵に指令して徳川軍を側面から攻めさせた。そして徳川軍は神川迄、追い詰められた。この時、神川の上流に貯めておいた川の水を一気に流した。この大激流の為、徳川軍は大きな被害を受けた。連日の敗戦の為、徳川軍は上田に釘付けとなり、秀忠軍は9月15日の〝関ヶ原〟には遅参してしまっている。しかし、関ヶ原は短期決戦で徳川方が勝利し、昌幸、幸村父子は敗軍の将となり、死罪は必至となった。兄信幸（信之）の必死の命乞いで罪は免ぜられ、12月12日、紀伊国の九度山へ配流となった。そして幸村の勝利の戦いの最期の花が咲くのであった。

27 歴史の謎を歩く・関ヶ原古戦場

丸山の狼烟場跡《のろしば》は、JR東海道線関ヶ原駅の北およそ1kmばかりのところにある。ここは慶長5年（1600）9月15日朝、黒田長政が開戦の〃狼烟〃を上げた山で、徳川家康が最初に本陣をおいた桃配山《ももくばりやま》と石田三成が本陣をすえた笹尾山《ささおやま》のほぼ中間にある。道標に導かれて、草いきれの激しい小径を登るとやがて灌木の茂みがあり、その向こうに小さな祠と〃狼烟場跡〃の石碑が見えてくる。東軍が狼烟場に選んだだけあって、ここからの眺望は素晴らしく〃関ヶ原の古戦場〃を一望に眺めることが出来る。眼下中央を東西に延びるのが〃中山道〃、関ヶ原町の中心から東南に養老山麓に廻り込んで行くのが伊勢街道、反対の西北方へ〃伊吹山麓〃へかなたに消えて行くのが「北国脇往還」、これらの旧道に加えて、今は〃名神高速〃とJR東海道線と東海道新幹線が南北に2kmの「細長い山峡の地」を走り抜けている。この地が古くから東西交通の要衝として重要視されていたことがよく分かる。

眼をはるかに転ずると南宮山《なんぐうさん》のピークが見える。この「山上と北麓一帯に布陣」したのが、毛利秀元と吉川広家。そこから西南を見ると〃小早川秀秋〃の問題の松尾山が見える。その西方に二つ

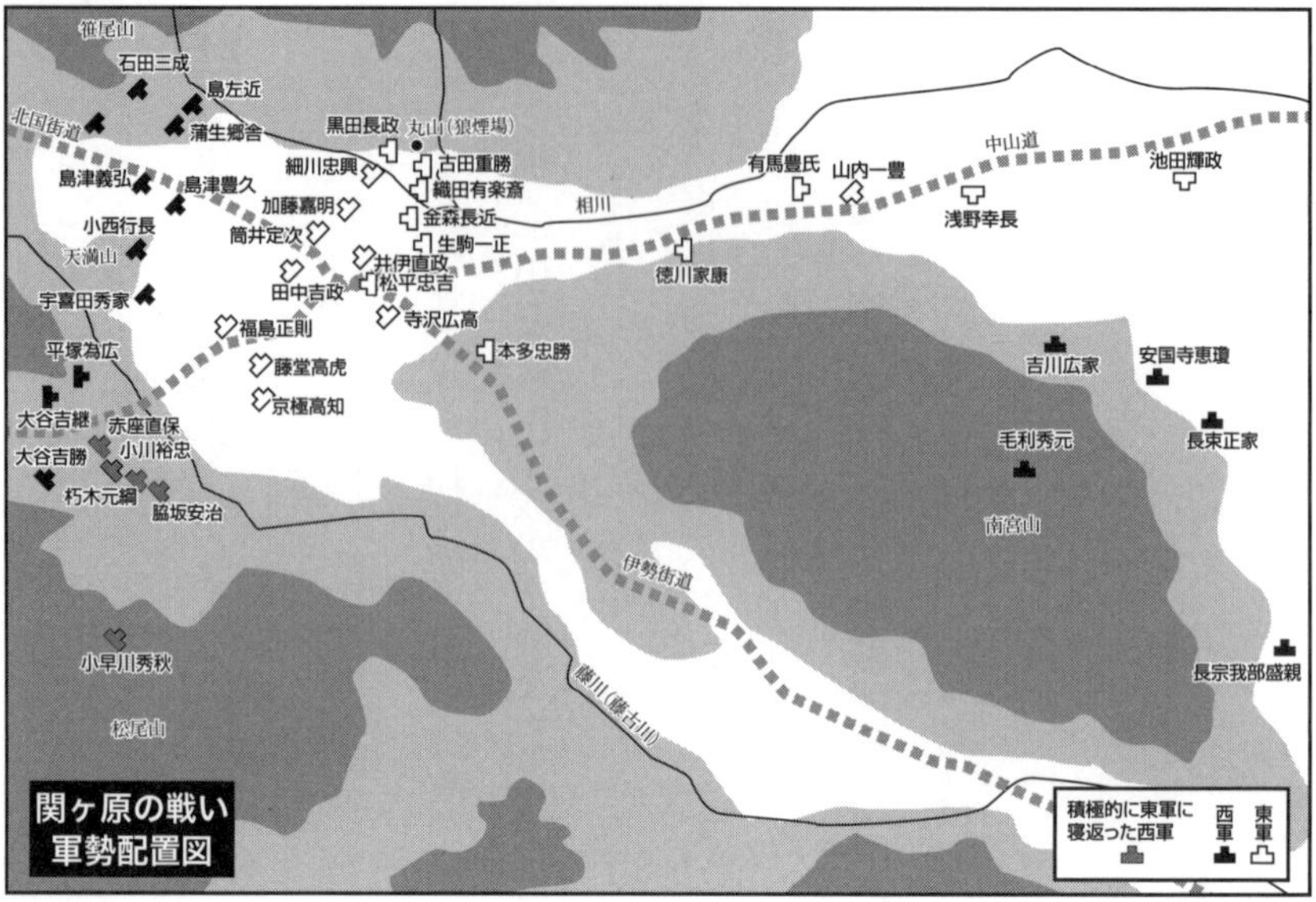

の小さな峰。この南、北天満山の前面は〝宇喜多秀家軍〟と〝小西行長軍〟が布陣。そして、その後方の小丘が笹尾山で西軍は布陣。後から〝関ヶ原〟に入った東軍は、否応なく、その足下の狭い平地に展開、西軍が上から攻めかかれば〝不利の体制〟である。関ヶ原を訪れるたびに何時も、疑問に思うことは、「これだけ西軍は地の利に恵まれながら、なぜ、勝利出来なかったのだろうか?」。様々な敗因が考えられる中で、松尾山、南宮山と云う戦略上重要のポイントに〝小早川〟〝吉川〟〝毛利〟と云う、旗幟《はたのぼり》不鮮明（どちらにつくか判らない）将を配したところに失敗の一つがあるのではないか。西軍の配陣は知将として有名な大谷吉《よし》継《つぐ》によってなされたと云われるが、彼の作戦上の誤りはないのか！それとも西軍諸将の力関係、内部の意思不統一から思い通りの配置が出来なかっ

たのか。今となっては謎と云う他はない。結果論的に見ると、もし両地点に他のしかるべき将を配し、小早川、吉川、毛利を東軍の前面に配していたならば〝関ヶ原の合戦〟は、別の展開を見せていたのではなかろうか。

敗北と九度山への配流

28 〝配流の地〟幸村の九度山のくらし「33歳から47歳迄」

慶長5年（1600）幸村33歳、父昌幸と共に西軍に加担した。父子は兄信之の嘆願の結果、死一等を減ぜられ、紀州、高野山の麓の九度山に配流となった。兄信之は沼田領に加えて、小県郡の旧領も安堵され、真田主家は安泰となった。しかし、幸村父子は紀伊藩から50石の援助と兄信之からの仕送りで生活を立てていたが、この父子は昔の〝大名くらし〟を改めず、借金が増え生活は困窮し侘しい暮らしであったが、この苦難の中でも武備を忘れずにいた。慶長8年（1603）2月、徳川家康は征夷大将軍に昇進し、江戸幕府を開いた。〝幸村36歳〟。この頃、父昌幸が信綱寺《しんこうじ》（長野県上田市真田町）に送った手紙には、本多正信（家康の側近）（1538～1616）の取りなしにより赦免の見通しがあること、仕送りの銀子《ぎんす》の礼のことが書かれている。兄嫁の小松殿も鮭などの仕送りをし、蔭ながら父子を助けた。

父昌幸は赦免を期待していたが、家康との確執は厳しく許可は下りず、慶長16年（1611）6月4日、幸村44歳の時、昌幸（1547～1611）は、九度山で病死した。そして後に、真田郷の長谷寺に納骨された。幸村は妻と共に内職として真田紐《ひも》を考案し、それを売って生活費を稼ぐと云うくらしを続けたという。父の一周忌には昌幸の侍臣らも上田へ帰って行った。

真田父子の蟄居跡に建てられた真田庵

■竹林院（真田信繁正室）は、関ヶ原の戦いの際には、義父・真田昌幸の正室山手殿と共に実父の大谷吉継に保護されていた。戦後は、信繁（幸村）に随行して九度山に幽閉された。九度山での生活は厳しかったらしく、彼女自ら上田地方の紬技術を応用した「真田紐」を考案し、家臣たちに行商させて、生計を支えていたという。『真田系譜稿』、『先公実録』によると、徳川方の監視は厳しかったが、九度山で長男大助（幸昌）（1601?～1615?）と次男大八（守信）（1612～1670）と3女（四女あぐり、六女菖蒲、七女かね）を生み、さらに他の側室の子も引き取って養育したという。

■竹林院を娶る以前に幸村は妻を娶っていたという。堀田作兵衛興重の長女を娶り、二人の間には阿菊が生まれている。諸説あり。幸村には側室もおり、一人は高梨内記の娘采女《うねめ》で、もう一人は関白羽柴秀次の娘（隆清院）という。采女との間に2女（次女市、三女梅）を隆清院との間に1男（三男幸信）1女（五女お田の方）をもうけているという。

29 幸村は九度山で連歌《れんが》を楽しんでいた

「連歌」は、一人が詠んだ上の句に次の者が下の句をつけ、さらに次のものがその意味を受けて上の句を読み、この繰り返しで句を重ねていく高度な歌遊びである。和歌の豊富な素養が求められ「古今和歌集」など古来詠まれた名歌を暗誦することが出来なければ、この遊びを楽しむことは出来ないのである。幸村は真田家の重臣木村土佐守綱茂（1554〜1631）に宛てた手紙の中で「其の元、連歌しうしんと承り候。此の方にても徒然なぐさみに仕り候へとすすめられ候かた候へども、はやばや老いのがくもんにて成り難く候。」（貴方も連歌にご執心ときいているが、退屈しのぎにやってみてはどうかと、私に勧める方が居るのですが、年をとってからの学問なのでなかなかものになりません）といっている。年をとってからと言っているので、九度山に入ってからのことだと分かる。彼は根っからの武人だったので、文学に中々馴染めなかったのだろう。しかし、この時代の一般的な武将は、学問や教養を身に着けていたのであった。黒田長政は「治世には文を用い、乱世には武をもって治める」といっている。父が仕えた武田信玄は第1級の教養人で「武田晴信朝臣百首和歌」が残されている。優れた歌人であったのだ。幸村は人質時代が長く、武人としては最高の人だったが、長政や信玄らの様な教養はなかったのだろう。

「定めなき浮世にて候へば、一日先は知らざる事に候。我事などは浮世にあるものとは、おぼし

めし候まじく候。」 幸村

この言葉は「夏の陣」で豊臣方が開戦に向けて準備していた頃、姉婿の小山田茂誠に宛てた手紙の中に幸村が書いたもの。敵の徳川方が圧倒的に有利だったにもかかわらず戦いに挑む不安な気持ちと死を覚悟している心情があらわれている。

30 真田紐《さなだひも》──英雄伝説

大坂冬の陣、夏の陣で、徳川家康は強大な権力を振い始めていた。これに敢然《かんぜん》と立ち向かった幸村は、民衆には素晴らしい気骨の将として評価され、また独自の戦法により家康本陣にまで攻めこんだ戦果は、日本戦国史に大きい足跡を記している。その幸村たちが開発した「真田紐」が現在にも生き続け、京都で織られ、21世紀の新しい商品として〝大河ドラマ〟「真田丸《さなだまる》」にての出陣を待っているのである。日本の毛布誕生にも真田紐の織りの技術が関わっている。関ヶ原のあと、幸村父子一族は九度山へ配流され、経済的にパニックに陥《おちい》った。このとき、竹林院（幸村夫人）を中心に真田家臣の婦女が大活躍した。彼女らは、本家上田地方で織りの技術を学んできたと思われる。そして真田紐を開発したのだ。

真田紐は、木綿の糸を平たい麺のように編んだもの。丈夫で縦にも横にも伸び縮みしない特性がある。これは物をしっかりと結ぶのに佳く、当時は刀の下《さ》げ緒《お》、帯、馬の鞍紐《くらひも》、荷紐にと用途は広く、大坂、京都へと広がって行った。そして和泉国へも伝わった。泉大津市で最初に〃真田紐〃が作られた時期は定かでないが、『大津町志』によれば、今から３００年位前と記されている。当時、漁村であった泉大津の村人が、堺で魚を売りさばく副業として、真田紐を織る技術を習得していたのだ。これが明治期に入ると更に発展し、ズボン吊り、ランプの芯、帽子、下駄やスケートの紐と色々と使われたので、筆者も子供の時のズボン吊りのベルトとしての真田紐をよく覚えている。その後明治7年（１８８４）天災により、町民が激減し、絶滅の危機に落ち入った。その翌年、〃真田紐作り〃は、その織りの技術を継承し発展させる目的として会社が生まれた。これは幸村の意志を受け継ぎ〃真田の六連銭〃を社章に取入れ、「真盛社《しんせいしゃ》」として設立。真田織りの技術と泉大津に古くから伝わる木綿織りの技術を結合させて日本最初の毛布を織り上げた。その1号となった牛毛布が当地の毛布産業のスタートとなった。当時は「赤ゲット」と呼ばれる輸入毛布が〃高嶺の花〃であった。この会社は牛毛に石灰を混ぜ臼で搗き川で洗って乾かしたりして工夫し、輸入品に対決し、起毛にも工夫し動力式起毛機を作り出した。そこへ日露戦争で需要増大、和泉大津は毛布生産地として大発展をした。そして真田紐製作者の殆んどが毛布へ移って行ってしまった。パイオニアの真盛社も明治20年（１８８７）解散する事になってしまった。しかし幸村の理念から会社を立ち上げ毛布を開発した強い業績は、幸村の戦いの様に業界史に残った。現在京都で伝統工芸品として生き延び、現代風のデザインで蘇《よみがえ》り、大河ドラマの〝大坂の陣〟では幸村の様に大活躍するだろう。真田紐を作った幸村夫人〝竹林院〟は夏の陣の始まる前に大坂城を娘あぐりと共に脱出し、幸村討死後も九度山村に隠れたが捕まり、その後解放され京都で幸村の義兄弟に養われたという話もある。幸村の死より34年後の慶安2年（１６４９）徳川家光の世迄生きられた。京都に「竹林寺」というお寺が2山あるがどちらかが幸村夫人竹林院ゆかりのお寺ではないだろうかと思われる。

31 幸村の影武者と、九度山でのくらし

幸村には、影武者が数名いたと云われており、幸村生存説もこの辺りから、発生しているらしい。徳川忠直隊の鉄砲頭の西尾久作が討ちとったと云われる首級は、影武者の一人「望月宗右衛門」だったと云われている。幸村の叔父がその首を見て、判定不可だった事実もある。

もう一人の影武者は穴山小助。この人の、『真武内伝追加』によると〝大坂夏の陣〟で、幸村の身代わりとなり戦死したとされている。幸村は敵の混乱を誘い、この中を攻めたという戦法で戦ったが、これは「奇怪」「不思議」と敵の目に映り、幸村の神出鬼没は影武者を使っていた証である。

多い時は6人の幸村が飛び出して来るといった戦線であった様である。そして怪物の様な兵器も使った。「銅連火」と呼ばれるもので、この兵器は鐘タタキの様な音と共に飛んできて、着弾破裂し弾丸が飛び出して散る、殺傷力の強い新兵器であった。九度山では「張り子の大砲」を作ったり、「真田紐」を織って家臣に行商をさせたり、〝連歌〟をやったりして、33歳から47歳迄、14年間をウツウツとして、初老の域に入っていた。そして〝大坂の陣〟は、彼の大きな運命の扉を開かせてくれ、そして大きく羽ばたいたのだった。

32 庶民のヒーロー「真田十勇士」

「真田十勇士」の活躍舞台は、真田昌幸・幸村の九度山配流から大坂の冬・夏の陣までの間で、父子を中心に、徳川家康の動静を探りながら縦横無尽に活躍する痛快なおもしろさは大好評を博した。筆者も小学生の頃、楽しく読んだ思い出がある。武将・真田幸村に仕えたとされる、10人の家臣のこと。あくまで伝承上の架空の人物といえるが、歴史的な由来を持つ人物もいる。この面々を紹介しよう。

1．「猿飛佐助」……十勇士のリーダー。戸澤白雲斎から忍術を学ぶ。猪狩りに訪れた真田幸村と出会い、その技を披露して家来となる。三好清海入道と諸国修行の旅に出て、各地で仲間を作り、幸村のために人材を集めた。

2・「霧隠才蔵」……浅井長政に仕える侍大将・霧隠弾正衛門の子。父の死後、伊賀の百地三太夫に忍術を学び、山賊として暮らすうちに、猿飛佐助と出会い幸村に仕官した。物静かで慎重な「イケメン忍者」である。

3.「三好清海入道」……出羽国亀田城主の息子。母が真田昌幸の後室と姉妹の関係で、亀田城落城の後、昌幸を訪ね家臣となった人。十勇士のなかで最年長者、豪快な性格の人で、人間離れした大怪力が魅力的。

4.「三好伊三入道」……清海入道の弟。由利鎌之助と組み、鈴鹿山中で山賊をしていたところ、兄と再会して幸村の郎党となる。兄同様、怪力の持主で一本気の性格。武器は鉄棒か、鉄筋の樫の棒を使った。

5.「穴山小助」……武田家一族衆である穴山梅雪の甥。傭兵だった父につれられ、諸国を流浪していて、幸村と会い十勇士となる。幸村の影武者の一人で、大坂夏の陣では、幸村を演じて家康の本陣を突き崩す働きを見せた人。

6.「筧十蔵」……豊臣家の大名・蜂須賀家の家臣といわれるが、出白は定かではない。誠実な人柄で、十勇士の中では珍しく銃の名手。また由利鎌之助と組み、西国を遍歴して情報収集を担当した。

7.「由利鎌之助」……十蔵と同様に出自は定かではない。槍と鎖鎌を得意として武術の達人であると同時に、兵を率いて猛将ぶりを発揮した。

8.「海野六郎」……真田家譜代の家臣。十勇士の中では目立った活躍はないが、幸村の参謀として活躍した。

9.「望月六郎」……海野六郎と同じ真田家の家臣で忍術を得意とし、特に爆薬、大筒などの火術に長け、徳川方を翻弄した。

10.「根津甚八」……海賊の仲間に加わった経験があり、十勇士の中で唯一の海専門家である。海野六郎と連れだって奥州を探索、また野戦では抜群の武勇を誇っていた。幸村の影武者の一人である。

四 大坂冬の陣

大坂の陣の原因

33 世にも不思議な言いがかり――「国家安康」の鐘の銘文

日本国中、古鐘、名鐘があり、それぞれ銘文がつけられている。京都の観光で有名な三十三間堂。この北側にある豊国神社。この北隣に方広寺があり、今はこの「鐘堂に大きな鐘」が残されている。多くの鐘は第二次大戦中に軍により供出されて失われたが、この鐘は「イワク・インネンの鐘」で残された。江戸期から明治期迄、野晒し、雨晒しで放ってあったが、明治期に明治天皇が豊国廟《ほうこくびょう》やこの辺りに行幸になられるので、鐘楼が建てられ納められた。現在は無料で拝観出来るし、この部分（問題の銘文）は白く表示されている。

戦いを行う時〝非〟が相手方にあることを主張する戦略がある。このため、大変な云いがかりをつけることが多々ある。慶長19年（1614）豊臣秀頼の勧進《かんじん》で落成した方広寺の大仏殿について、堂供養がある直前に家康からクレームがついた。梵鐘の銘に不穏な文字がある。それは「君臣豊楽」「国家安康」という銘文で、家と康が分けられているのは徳川家を呪ったものだというのである。徳川氏と豊臣氏の間に立った「大仏殿造営奉行」の動きも原因して、家康の思惑通り大坂冬の陣と夏の陣となった。問題の銘文の作者は、有名な文筆家・東福寺の清韓《せいかん》。これを徳川方の林羅山が批判したと云われているが、裏話は家康が清韓にこの様に撰文させたと云われている。豊臣氏滅亡。この鐘はさびしく京都の東山の麓から、阿弥陀山頂の秀吉の墓を見上げている。

方広寺の鐘

34 〃忠臣と賊臣の間をさまよう〃片桐且元《かたぎりかつもと》

「真田幸村」「真田十勇士」の漫画を筆者も少年時代によく読んだ。その中で片桐且元は、〃節義〃の無い、軽い大名に描かれている。その顔の表情が浮かんでくる。

秀吉の忠臣だった且元は、豊臣家の忠義が第一としながら家康に巧みに抱き込まれ〃忠節と自己保身〃の狭間で揺れ、一生を終えた武将だった。「二枚舌」「八方美人」とか言うのでは無い。対立する間に入って、何れも誠意を持って接している内に、気がつけば結果的には〃不忠者〃になり「大変な事をした」と無念の思いで〃悶死〃した様なものだった。

片桐且元

彼は、近江国伊香郡近江の出で、三成と同じ年、弘治2年に生れた。天下人の器といわれた〃蒲生氏郷〃や、処世の天才〃藤堂高虎〃と同年生である。この近江出身の武将は、氏も素性も全く違うが、それぞれの生き方を比べると感慨深いものがある。且元は、はじめ秀吉の長浜城主時代に仕官した。その後「山崎の合戦」、「賤ケ岳の合戦」で大活躍をしたが、彼の得意の分野は〝文官《ぶんかん》〟であった。多くの検地奉行として活躍して、秀頼の〝守役《もりやく》〟に就任した。彼の出番となるのは「関ヶ原合戦」後である。関ヶ原では中立を守り、多くの豊臣大名が討死か斬首となるも、唯一、豊臣大名として大坂城に残った重臣だった。そして家康が合戦後、大坂城に報告に入城した時、且元は警備役として誠に丁寧に対応した。家康はこれに気を良くし、家康は彼を茨木城主から1万8千石を加増させ大和竜田城主にした上〝推薦〟をして大坂城の家老職にした。家康は彼を利用可能な人物と睨んでの人事であった。一方、重要な家臣を失った豊臣家では、家康お気に入りの且元は、もちろん重要な人物であった。しかし結果的には彼は〝豊臣を支える柱〟になる人物では無かった。

慶長9年（1604）8月の秀吉七回忌の総奉行は且元だった。この時、秀頼は家康に命じられて多くの寺社を再興、寄進したが、大半の工事の奉行をしたのも且元であった。策略に長けた家康は、もっと且元を取り込もうと、国奉行として豊臣家直轄地である摂津、河内、和泉の三ヶ国を支配させた。豊臣の家臣だからこそ任命したのである。彼は豊臣家の家老であり、一方、実際の政治権力を握る家康の国奉行である。「二股膏薬」とか「二足の草鞋」とか言われる立場であった。

そして慶長19年（1614）〝方広寺大仏殿運営問題〟が発生してくる。彼の一番の苦悩は〝鐘銘の大事件〟である。〝国家安康〟〝君臣豊楽〟の銘文が、「家康の名を分断し、豊臣の繁栄を願う。不吉なもの！」と難詰。〝開眼供養〟を中止せよとの申し入れがあった。この大事件は且元が責任者として、彼の上にのしかかって来た。豊臣家の存在を考えると妥協しなければならないと、且元は駿府の家康の元に赴き、本多正純や金地院崇伝と交渉した。「大坂城に多くの浪人を召し抱えている」などと二人から厳しくいじめられたという記録が残っている。

且元は引き下がらなかった。家康側の〝言いがかり〟という事はよく理解しているから「何が不敬なのか」と開き直らず、家康側の〝裏〟には豊臣家を滅亡に追い込もうという事を感じていた。そして〝秀頼母子〟の大坂城退城しか平和の道は無いと思い、三ヶ条を〝私案〟としてまとめた。

秀頼も淀殿も現状認識が甘く、且元の解説の下手さやらで〝事態〟を更にこじらせた。且元は「内通者」「裏切り者」と見られる様になった。且元は楽観論者か事態の把握が悪いのか、まだ家康と淀殿母子との間を調整できると思っていた様だったが、現実的には徳川方の〝言う様にされ〟その作戦にはまり込んでしまった。そして自分の交渉無能者ぶりをさらけ出した結果に終わってしまう。彼の暗殺計画も語られ出し、慶長19年（1614）10月、且元は「もはやこれ迄」と、兵数千人を率いて大坂城を退去し摂津の茨木城へ戻った。

家康はこれを待っていた様に「大坂城攻撃」を決定した。この時且元は、明らかに家康側に立って米の廻送など家康側に有利な様に計らう命令を出している。家康側に寝返ったと見られた且元は、大坂方が堺を占拠した知らせを受けて、三百程の兵を出兵させており完全に家康側となった。京都二条城に到着した家康は、且元、藤堂高虎らを呼んで、大坂城の攻撃の方法を協議している。異説もあるが、且元は先遣隊として大坂城攻撃に参加する事となった。且元の胸中はどんなものだっただろうか。11月には且元自身が天守閣の砲撃を加えたと伝えられ、これが城内に大きな被害を出し動揺を誘った。12月中旬〝和議成立〟「大坂冬の陣」は終了した。

翌年4月、家康は再度、大坂城を攻め〝秀頼母子〟は自害し、遂に大坂城は落城した。且元は大和の自分の知行地に戻り寺で養生した後、京都の三条衣棚の屋敷に入ったが、慶長20年(1615)5月28日死亡した。病死とされるが〝暗殺説〟もあり、大きいストレスで精神病になったのではないか。6月に入って且元の葬儀が大徳寺で行われ玉林院に葬られた。

明治の文豪坪内逍遥は戯曲『桐一葉』で、且元の忠臣ぶりと淀殿の悲劇を描いた。一方、江戸期のエッセー『翁草《おきなぐさ》』には「且元は忠臣に似た賊臣」との見方も根強く残る。今も〝忠臣と賊臣の間をさまよう〟。

九度山から大坂へ

35 幸村は大坂の陣以前は全く、無名の侍であった

父真田昌幸は「表裏比興《ひこう》の者」といわれ、武田信玄の知将として有名な名将であった。一方、幸村の知名度は、父の蔭に隠れる程度のまま配流先の九度山で過ごしていた。幸村44歳、当時としてはシニアを迎えた時、父昌幸が死亡する。昌幸はその死に臨み幸村に「3年のうちに大坂で戦が起こる。あと3年、命がもてば謀《はかりごと》をもって、武名を挙げてみせるものを」と徳川打倒の謀略を幸村に語り残したと云われている。その策は特別なものでは無かったらしいが……。父は、「幸村にはこれは実行できないだろう」と云った。不思議に思った幸村が「なぜ、私には無理なのですか?」と、聞くと、昌幸は「重要なことは、謀の内容ではなく、指揮する人物だ。この昌幸が指揮すれば、兵も従うが、お前は将として優れていても、世間では無名であるから、兵は不安に思い謀でも失敗する」と諭したと云う。幸村は、この教えをしっかりと受けとめて、〝大坂の陣〟で、父よりも、はるかに大きく武名を轟かした。幸村が「不幸にして人質時代が長く」戦闘に出たのは遅く、その機会も少なかった為〝大坂の陣〟以前は、武名は殆んど知られていなかった。この幸村に千載一遇のチャンスが到来した！慶長19年10月9日、真田幸村は九度山を脱出し、大坂城へ向かった。

36 豊臣家から破格の条件が来た。雌伏期から再起して大坂へ

徳川家康は、大坂城に居る豊臣秀頼が徳川天下の安定には障害と考え、何かと排除を考えていた。その時、秀吉の造営した京都の〝方広寺〟が地震で崩壊し再建された。秀頼は家康からの指示で多くの寺社仏閣を造営していた。現在でも秀頼の寄進した寺社は京都に多く残っている。この再建した方広寺《ほうこうじ》の大鐘にある〝銘文〟の中の〝国家安康《こっかあんこう》〟の文章が、家康を呪う〝銘文〟であると、云いがかりをつけられた。これは家康の仕組んだ〝罠〟であった。和平交渉の為に使者として、片桐且《かつ》元《もと》（１５５６～１６１５）を駿府の家康のところに送ったが失敗。豊臣氏と徳川氏の亀裂は決定的となった。慶長19年（１６１４）10月１日、家康から全国の諸大名に大坂出兵の号令が発せられた為、対抗する豊臣家は、浪人していた武士たちを召集し大坂城に集めた。この時、幸村にも黄金２百枚、銀30貫目の支度金と、信州から参陣する真田家の手勢に加えて兵５千名の指揮権を与え、〝勝利の時〟には50万石の領地安堵という絶大なチャンスが幸村に巡ってきた。幸村は勇躍し、九度山を脱出し大坂城へ向うことを決意。この時、大坂にはおよそ、10万人の浪人が集結した。この中には、長宗我部盛親《もりちか》の様な一国の城主クラスの人物もいたが、真田家の名声は突出しており、幸村が豊臣方にとっては最重要の武将であった。幸村は47歳、当時としては初老期を迎えていた彼には千載一遇のチャンス到来であった。この脱出劇の中で地元の人々は幸村を救った。九度山を幸村が脱

出した6時間後、追っ手に「真田はどうした」と聞かれた地元の人たちは「3日以上も前にいなくなった」と偽証し、追跡をあきらめさせようとしたと云われている。幸村の監視を担当していた土豪たちは、時の権力者に強力に反抗してきた土地柄もあって、幸村に対して同情的であったと云う説もある。〃大坂夏の陣〃で、幸村が戦死した後、幸村の妻（竹林院）は再び九度山に戻り、身を潜めたといわれている。幸村は貧乏暮らしの中でも、妻と共に真田紐の様な商品を考案し、地元民にも愛されていたのではなかろうか。

37 幸村はその時、どうして九度山を脱出したのか

豊臣氏から要請を受け、九度山に秀頼の使者が、黄金2百枚と銀30貫目を持ち来訪。幸村は要請を受諾し脱出を決定する。その時、紀伊国主が土地の百姓たちに、幸村の監視を指令してきていた。その状況で幸村は、計略を使って九度山を脱出したらしい話が残っている。江戸後期の随筆『翁《おきな》草《ぐさ》』によると、幸村は周辺の庄屋、農民数百人を宴会に招待し、さんざん酒を勧めて酔い潰れさすと、農民たちの馬を奪って荷物をまとめ、家来を連れて、ゆうゆうと出発したと云う。また別の資料には、あらかじめ高野山の山道に目印をつけておき、それを頼りに脱出したとか、またの説は、真田家は

高野山内の蓮華定院《れんげじょういん》と非常に親しく、昌幸、幸村はよく参拝し真田家の願い寺として度々訪れていた。この僧坊で世間話の途中に席を立ち、密かに家臣に出発を指示して、自らも後から追いかけたとも云われている。色々と〝幸村脱出説〟は多くあるが、一番正当性の高いのは、高野山の蓮華定院に参った幸村は、事前に、密かに家臣に九度山屋敷で出発の準備をさせておき、夜に入ってから九度山に下山し、近くの農民たちが寝静まった深夜の闇にまぎれて脱出したのだと云われている。

38 幸村は、九度山から、大坂へどのルートを、脱出したのか

幸村の脱出ルートは、「大坂の陣」の英雄となったためか、諸説ある。高野山の僧坊からスタートしたのか？九度山の真田屋敷からかは判らない。『九度山町史』を読んで見ると、幸村は高野山から九度山の幸村屋敷に下り、紀の川を利用して船を下らせ、岩出（和歌山県那賀郡岩出町）へ入り、この地域の国侍の浅野長晟《ながあきら》の軍勢と抗戦したと書かれている。さらに幸村は謀略を使い、わざと家臣を浅野勢と戦わせ、その間に本隊の自分たちは、紀見峠を越えたと云われている。この時、幸村と同じく付き従った家臣は数名であったと云われているが、本当に戦闘があったのか、また、幸村ファンのサポーターの浪人の存在があったのかも知れない。当時、大坂城には10万人の浪人が集

浅野長晟

結して来て居たし、秀頼から兵５千人の指揮権を贈られていたので、大坂方からのサポートもあったと思われる。そして幸村は、嫡子の大助（幸昌）ら家族共々、紀見峠から河内に抜けて、大坂城に入った。そして、幸村のヒット「真田丸」の築城が始まる。

39 幸村は山伏姿で大坂へ潜入した

幸村ら一行は、高野山から「紀の川」を、舟運を利用して下り、山伏姿に変装して紀見峠から河内へ下り大坂へ潜入した。城に入る前に、豊臣家を主導する大野治長《はるなが》（１５６９～１６１５）に会うため、治長の屋敷を訪問した。丁度その時、治長は不在で家臣たちが「刀比べ」をしていた。

幸村は、「御坊の差料（刀）も、目利《めき》きしてやろう」と大野の家臣にからかわれた。幸村は「犬威しの刀なので見せるのは恥ずかしい」と云いながら幸村が自分の刀を抜いたところ、その見事さに家臣たちは驚き、「いったいあなたは何者なのか」と騒然となった。やがて治長が帰宅し、幸村を丁重にもてなすと、ようやく家臣たちはこの山伏は知将「真田幸村」と解りびっくりしたのだった。その後、幸村はこの大野の家臣たちに会う度に「刀の目利きの腕は上ったかな」と、〝からかい〟笑ったと伝えられている。幸村は大坂城入城の際「不動正宗」と呼ばれる「銘刀」を持っていたと云われている。

真田丸の攻防

40 幸村は野戦を主張

慶長19年（1614）10月10日、千載一遇のチャンスと、47歳の信繁（幸村）は大坂方に参陣した。開戦は決定的になり、家康は駿府を出発し、14日浜松城へ入った際、幸村〝大坂城入城の情報〟を得た。その頃、大坂方では軍議が行われた。幸村をはじめとする浪人組、長宗我部盛親や多くの

木村重成

実戦経験豊かな浪人侍衆は、大坂へ出撃し近畿内を制圧する野戦を提案したが、実戦経験の少ない大野治長《はるなが》は、難攻不落の〃大坂城〃に依って籠城戦を主張し、秀頼の近臣の多くはこれに賛同した。幸村らの野戦策は通らなかった。戦闘が始まると、幸村は大坂城の一番の弱点である南方の補強のために「真田丸」を築いた。そこに兵と共に5千名が立て籠もる。11月18日、家康と秀忠は大坂城の南方「茶臼山」に本陣を置いていた。

〃大坂冬の陣〃開戦！11月19日、大野治房《はるふさ》らが守る福島砦が初戦攻撃を受けた。26日、今福、鴫《しぎ》野《の》にて、木村重成（1593?〜1615）と後藤基次《もとつぐ》（又兵衛）（1560〜1615）の軍が徳川方上杉景勝軍と激突。幸村は〃家康が巡視〃に出るという情報に「家康必殺待ち伏せ作戦」を展開するが「ウソ情報」の為、失敗に終わった。29日、薄田《すすきだ》隼人《はやと》（兼相《かねすけ》）（?〜1615）の守る博労淵砦《ばくろうぶちとりで》が、徳川の猛攻を受け陥落。その時「真田丸」へは、秀忠が遠望し軽率に攻めるなと指示していた。

41 真田丸の攻防

「国家安康」の大鐘の銘文を理由に、家康は最後の戦いに挑んだ。家康の出した「淀殿と秀頼の大坂城から退去するならば……」という妥協案も成立せず、大坂方は対戦へと踏み切った。秀吉の残した「資金力」と、「関ヶ原の戦い」により全国に相当数潜在するであろう浪人衆を見込んだもので、結果的に一般兵士はもとより、真田幸村（信繁）、長宗我部盛親、毛利勝永等といった大名級まで、相当数の浪人を大坂に集めるのに成功した。

宰相山公園に立つ真田幸村（信繁）像

慶長19年（1614）11月19日〝大坂冬の陣〟が開戦。真田幸村らは「野戦」を主張したが、大野治長《はるなが》らの反対で「籠城戦」となった。幸村は、大坂城唯一の弱点、つまり川も堀も無い南側に、城壁から飛び出すような形で〝真田丸〟という砦を築いた。

戦いが始まると、まず幸村は〝真田丸〟の前方にある篠山に真田の忍者軍団を送り込み、徳川方の武将・前田利常（加賀藩）

の軍に鉄砲を撃ちかけて挑発する。篠山からの狙い撃ちは功を奏し、前田隊には連日40～50名の死傷者が出た。前田隊は本陣から出撃命令が出ないので「イライラ」していたが上に、死傷者の続出にたまりかねて、12月3日の夜半、忍者軍団を排除しようと兵を繰り出して篠山に迫り、総攻撃を掛けたが人影は無かった。ところがこれを見た井伊直孝隊、伊達政宗隊は、前田の「抜け駆け」と早とちりして一斉に攻撃を始めた。合戦が始まって暫くして、〃真田丸〃の西後方の石川康勝隊の兵が火縄を火薬桶に落した為、「大爆発」した。徳川方には大坂城内で「内応」があるという噂が流れていたので、さてこれ「内応」かと、勢いづいた。越前（松平忠直）隊、井伊隊、藤堂高虎隊は、我こそは「一番槍」の功名を挙げんと、先を競って押し寄せた。〃真田丸〃では充分に徳川の諸隊を引き寄せておいて、一斉に鉄砲で応戦。幸村は、東の木戸から「赤武者隊」を率いて打って出て、横から攻め入り、混乱の極に達した徳川勢を、手槍で手当たり次第に突きまくった。死傷者は数を知らずといわれ、幸村の計略にまんまとはまってしまったのである。大坂城内から上った煙は、密偵を捕えた幸村が、内通の企てを逆手にとって上げさせた狼煙《のろし》であるという説もある。また嫡子大助（幸昌）率いる部隊も出撃し、徹底的に敵に損害を与えた。徳川方はこの一日だけで数千人の死者を出し、〃大坂冬の陣〃の徳川方の戦死者の八割は〃真田丸〃の攻防戦によるものと言われている。

〃幸村の大勝利に終った大坂冬の陣であった。〃

42 幸村の「真田丸」とは、どんなものなのか？

幸村の造った軍事要塞「真田丸」。幸村は上杉や武田の人質時代、武田の甲州流築城法や上杉家の直江兼続から築城法を学んでいたと思われる。大坂籠城戦では、大坂城の南方が弱点であると見た幸村は、城南部の外郭の最前部である玉造口付近にあった台地に〝出城、真田丸〟の築造を開始し1ヶ月で完成させた。この大きさは東西、南北共に200m程で、周囲に空堀を設け、その掘った土で土手を築造し、その土手の上に、更に土塀を築き、堀の外側、中側、内側に三重の柵が立てられた。幸村

は、鉄砲を集中的に利用する攻撃の為に、この土塀2mおき位に、鉄砲狭間6ヵ所を設備し、そこへ幅2mの武者走りを作り、銃兵をここに配置した。これは同時に600丁以上の鉄砲の使用が可能な要塞となった。そしてその土塀の上間と内側に、櫓《やぐら》が築かれ「物見の兵」と「銃兵」が配置された。この「真田丸」は武田の甲州流築城法を使ったとされている。出入口を二重に防御する、丸形の馬出《うまだし》や、三日月形の空堀等に、甲州流が見出される。こうした要塞で慶長19年12月4日、幸村は「100名余の信濃の旧臣部隊と、新しく幸村の兵術訓練を受けた5千人の兵」で、徳川方に大打撃を与えたのである。これは歴史に残る幸村兵法の大勝利となった。

43 幸村、「男の美学」節操を守った武将

家康の徳川方は、慶長19年（1614）12月4日「真田丸」攻めで、幸村に〃煮え湯〃を飲まされ大敗北を喫した。「タヌキオヤジ」と云われる家康は、12月11日、今度は幸村に対し「裏の手」で攻めることにした。本多正純《まさずみ》の使者として叔父の真田信尹《のぶただ》（1547～1632）から、10万石の恩賞と引き換えに徳川方に寝返りを申し込まれた幸村は、「恩賞なんか要らない。〃真田丸〃で戦い、名声を挙げることが出来た。これは秀頼様が私に守備を任せてくれたお蔭である。この恩に

代えられない。」と、これをきっぱりと断る。「もし和談になれば1千石位で御奉公しましょうか」と、啖呵を切った。武将として人生最後のチャンス、名誉のために決死の思いで参戦した幸村には問題外の事であった。家康は粘り強く信濃国40万石に条件を変えて交渉してきたが、幸村は怒って叔父信尹に会おうともしなかった。幸村調略に失敗した家康は、次は和平戦術に転換し、ポルトガル軍艦より大砲を借り入れ、これによる大坂城砲撃を始め、天守閣に命中、二人の侍女が即死した。また、淀殿、秀頼がいる千畳敷御殿にも大砲を撃ち込む。強硬派淀殿の態度が一変する。これが悪条件の和平交渉を成立させ、豊臣氏滅亡の道を開くことになって行く。

幸村、上杉鉄砲隊を破る

44 大坂冬の陣で鉄砲隊が活躍、家康に激賞された上杉家の武勇

関ヶ原合戦後の上杉家は大危機に直面した。会津120万石から米沢30万石に減封された。この戦犯は直江兼続《かねつぐ》だが、彼は腹を切らなかった。彼はこう考えた。腹を切るよりは償いをしなければならない。「そのためには生き恥を晒《さら》してその基礎作りに努力することだ。それがおれの責任の

取り方だ」と兼続は決意する。そして兼続の上杉藩改革の経営が軌道に乗った慶長19年（1614）、家康が再び動き出した。家康は天下統一の最終仕上げとして秀吉の後継者の秀頼ら関西の勢力を消滅されるため、大坂城への攻撃を全国の諸将に命じた。この事態を「関ヶ原で滅亡」寸前まで追い込まれ、かろうじて東北の小藩として甘んじた上杉の名誉挽回の最大のチャンスと、兼続は上杉景勝に進言し、兼続が密かに作っていた「上杉鉄砲隊」を先頭に兵5千を率いて出兵し、大坂城の東方、鴫《しぎ》野《の》口で豊臣方1万5千と対決する。この時、この上杉鉄砲隊が絶大な威力を発揮し、兼続は鉄砲隊を率いて遊撃隊として縦横無尽の活躍をした。

直江兼続

緒戦は数で勝る豊臣軍が優勢であったが、上杉鉄砲隊が猛射を続けて豊臣勢を圧倒。さらに上杉軍は鴫野口の隣の今福口での戦闘にも参加し、ここでも豊臣軍を敗走させた。結局、戦いは和平へと傾き12月20日に和議が成立した。その時、家康は「鴫野、今福口の上杉家の働きは第一の手柄」と絶賛し賞として、上杉家に金銀、米銭、弾薬などを与えたという。〝関ヶ原の戦い〟で敗戦後、生き恥を晒して上杉家の再建をさせるという道を選んだ兼続は、その本分を全うし、元和5年（1619）米沢藩江戸屋敷でその生涯を閉じた。

「大坂の陣」は、直江兼続の本領を発揮し、上杉家を幕末まで存続させる一大事業となったのだった。「上杉鉄砲隊」は現在でもっと有名で〝戦国イベント〟の名物となっている。大坂の陣の時は680丁の鉄砲と50丁の大筒（大砲）を準備し出陣していた。そして家康と秀忠が戦場巡視した時、家康から労《ねぎら》いの言葉をかけられた時、上杉景勝は「何の子供のケンカのようなもので骨折りなどございません」と、無口で変わり者の猛将らしい応えをしたといわれている。

■「上杉鉄砲隊」（騎馬鉄砲隊）は、新戦法ゆえに、豊臣方の大将には対処方法が分からなかった。これが最も威力を発揮したのは大坂冬の陣であったが、初めて敗れたのも大坂夏の陣においてであった。

800頭の騎馬鉄砲隊を先頭に配置した、2千頭の騎馬隊を含む1万余の大軍で、後藤又兵衛基次や薄田隼人正兼相を粉砕してその首級を挙げた。しかし、後続の大将がこの無敵騎馬鉄砲隊を蹴散らした。真田幸村である。幸村は兵を茂みに隠し、騎馬隊を引きつけられるだけ引きつけて横から一斉に掛からせ、接近戦に持ち込んだ。大激戦となったが、さしもの騎馬鉄砲隊も退却を余儀なくされたという。

冬の陣から夏の陣へ

45 幸村は最後まで、家康嫌いだった

家康の大砲攻撃作戦が成功し、大坂方、淀殿が弱気になってきた。朝廷から和平の勧めがあったが、家康は徳川方に有利に時間を稼ぐ為、拒否した。12月18日、淀殿の妹「常高院《じょうこういん》」・家康の側室「阿茶の局」が交渉役として、大坂城へ出向き講和条件を提示する。この結果、徳川、豊臣方の銃撃戦

阿茶の局／上　常高院／下

が中止されて一時休戦状態に入った。その時大坂は大風雨に襲われた。その頃、幸村は徳川方に夜襲をかけ講和条件を有利に展開する様、上策《じょうさく》したが〝淀殿が反対〟し、一大チャンスを失ってしまった。そして豊臣氏滅亡の一歩である、大坂方には不利となる和議が成立した。そして大坂城の部分的解体と堀の埋め立てが始まり、徳川方は早期に工事をすすめる為に、城の一部を解体した資材を全面的利用、幸村の「真田丸」も解体された。幸村はこの残骸を徳川方が利用する前に、大坂城内にすべてを運び去ってしまった。これは家康への不信感を現わしたものであった。家康は怒ったとも云われている。幸村が運び込んで、新しく「真田丸」を築こうと考えていたところ、家康の強引な策略で取り壊され大坂城は丸裸となってしまった。この休戦の束の間の平和に、幸村(1567～1615)は、兄信之(1566～1658)の代参として参戦している甥信吉《のぶよし》(1595～1635)の陣を訪れ、なじみの家臣らと酒を酌み交わし「兄、信之に会いたい」と語ったという、兄弟愛の話が残る。慶長20年(1615)1月24日には、城中より、姉・村松殿(1565～1630)に、豊臣方になり敵対し、真田本家に迷惑をかけたことを詫びている。そして、この休戦は束の間であろうと予見した手紙を送っている。そして、徳川方は講和条件以上の内堀、その他不利となる拠点を解体してしまった。家康にだまされたと怒ったのは後の祭り、難攻不落の大坂城は丸裸となり、幸村の予想は的中し、講和は破棄された。いよいよ最後の戦いが始まろうとしていた。

46 幸村はキリシタンであった！

「定めなき浮世にて候へば、一日先は知らざる事に候。我事などは浮世にあるものとは、おぼしめし候まじく候。」幸村、大坂夏の陣にのぞむ最後の決意。

慶長20年（1615）1月、大坂城解体が終了。外堀ならず内堀も埋められて、本丸のみの裸城になった。3月10日、幸村は、姉婿の小山田茂誠《おやまだしげまさ》（1567〜1642）に手紙を書き「定めなき浮世に候えば……」と、防備不可能の大坂城で、圧倒的勢力の徳川方と戦う不安と死を決意した文面を送っている。また娘婿・石合十蔵に出した、2月10日の手紙にも「今度、討死仕るべき身にて候」と書いている。

『上田市史』には、幸村一族の真田源心（源八郎）に、自分の刀を遺品として上田に遣わしたり、上田の月窓寺《げっそうじ》に遺言と遺品を納めさしていたという記録もあり、「夏の陣戦闘直前」、不利な状況を充分に予測し、死を覚悟の時期であった。

また幸村はキリシタンであったとの話もある。幸村と共に「大坂牢人五人衆」の一人・明石掃部《かもん》（全登《たけのり》）はキリシタン武将で、キリシタンの信仰と布教の自由を約束した秀頼に加勢し奮闘した。

この事を報告した「イエズス会日本報告書」の中に、〃真田フランコ〃というクリスチャンネームを持つ人が記載されており、幸村ではないかと云われている。大坂城内にも多くクリスチャンの浪人衆が参加し、キリシタン勢の部隊もあったという。外国とのルートを使って多くの、銃器、弾薬、大砲などを入手していたのだろう。幸村も洗礼を受けキリシタンになっていたのかも知れない。

47 幸村の言葉

「定めなき浮世に候へば、一日先は知らざる事に候」

意訳は「このような不安定な世情ですから、明日のこともどうなるかはわかりません。私たちのことなどはこの世にいないものと考えてください。」。

この言葉は大坂夏の陣に向けて豊臣方が準備を始めた頃、姉婿の小山田茂誠《しげまさ》に宛てた手紙の中に使った幸村の言葉である。敵の徳川方が圧倒的に有利だったのにもかかわらず、戦いに挑む不安と死を覚悟している心情が強く現れている言葉である。

「人の死すべき時至らば潔く身を失いてこそ勇士の本意なるべし」

意訳は「命を捨てても目的を達成しなければならない、そんな時がやってきたら、潔く身を捨てる。それでこそ勇士というものだ」。

この言葉は「関ヶ原の戦い」で兄・信之が敵方の東軍につくことになった時に、幸村が述べていたもの。西軍が敗北しても幸村と父昌幸が処刑されぬよう尽力するという兄信之に返した言葉で、玉砕しようとした気迫が感じられ、上野犬伏《こうずけいぬぶせ》の会議の様子がありありと浮かんでくるのである。

五　大坂夏の陣

大坂の陣　武将たち

48 大坂の陣五人衆　真田幸村

大坂夏の陣、慶長20年（1615）5月6日、幸村と五人衆、武将後藤基次《もとつぐ》（又兵衛）は、徳川軍は大和（奈良）方面と河内方面から二手に分かれて大坂城下に入って来ると読み、山間の道が狭くなっている〝大和口〟に布陣し、幸村隊と後藤隊の両面作戦で東軍を撃破作戦をとった。しかし、不幸かな、5月6日早朝は濃霧が発生した為、幸村隊は後藤隊との合流地点の道明寺（大阪府藤井寺市）に辿り着けず、遅れに遅れた。戦運が無かったのだ。先に道明寺に着いた後藤隊はしびれを切らして、単独後藤隊のみで戦闘予定地である国分《こくぶ》（大阪府柏原市）に進軍しようとしたが、徳川隊は、幸村戦略の狭い道をすでに抜け出して国分《こくぶ》に布陣していた。仕方なく後藤隊は単独で徳川隊を相手に開戦、善戦したが最終的には敗れ、後藤基次は戦死。幸村隊がようやく道明寺南方の誉田《こんだ》（大阪府羽曳野市）付近に到着した時、幸村の眼前には後藤隊を破った伊達勢が迫って来た。後藤

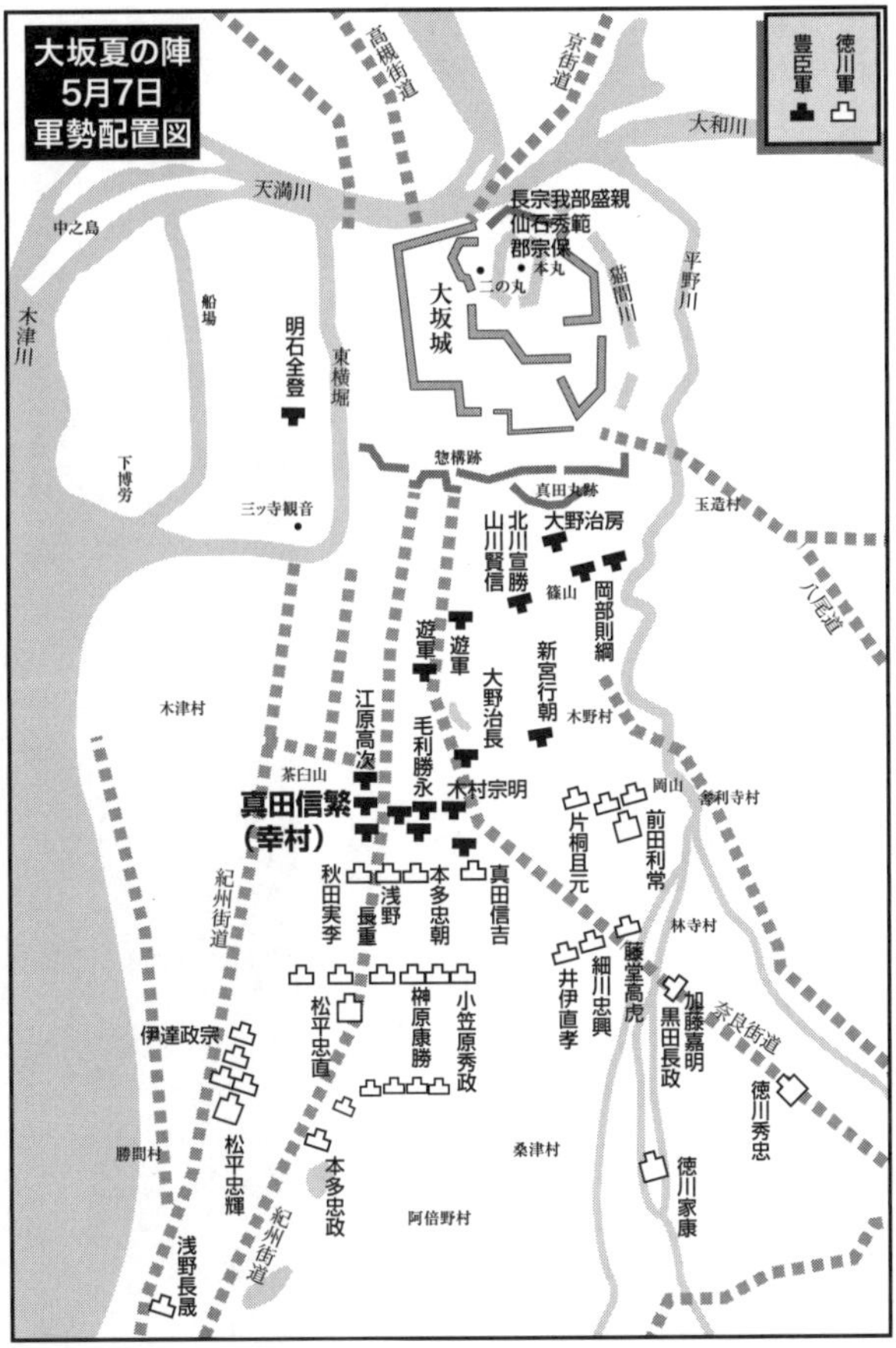

と共に薄田隼人も、水野勝《かつ》成《なり》、本多忠政《ただまさ》と戦い戦死していた。幸村は誉田村の外周に巡らされた土塁の背後に兵を配し、相手を引きつけて攻撃し、また別働隊で迂回攻めを仕掛け、伊達勢に痛撃を与えた。河内口《かわちぐち》でも敗北の大坂方は撤退を決定し、幸村隊が殿《しんがり》を務め撤退した。

49　五人衆　大坂の陣で奮戦した長宗我部盛親

京都の下京区花屋町寺町上ルにお寺が並んでいる所がある。京都市ひと・まち交流館のある河原町正面に渉成園《しょうせいえん》という東本願寺の別荘名園があるが、その北側に長宗我部盛親公の首塚との石碑の建つ蓮光寺《れんこうじ》がある。

長宗我部《ちょうそがべ》盛親《もりちか》（１５７５～１６１５）は、土佐の大々名で四国を統一した、現在人気抜群のイケメン武将長宗我部元親《もとちか》（１５３９～１５９９）の四男に生まれた。長男信親《のぶちか》は、元親に負けず劣らずの優秀な武将で、元親は彼に名跡を譲るのを心より思っていたが、島津との戦いで惜しくも戦死した。元親は大層落胆したと言われている。次男、三男がいたのだが、父に溺愛された盛親は、これを差し置いて名跡《みょうせき》を継いだ。しかし盛親は、関ヶ原では判断に迷い、西軍方となり主戦場で

長宗我部盛親／上と蓮光寺／下

戦わずに敗戦。長宗我部家は取り潰され、土佐は山内家の領地となる。土佐には長宗我部旧臣と山内家家臣が残り、幕末の坂本龍馬らの土佐勤王党に見られる上士《じょうし》と下士《かし》の対立へと続いていく事になる。

彼は死刑を免れて関ヶ原合戦後、京都の相国寺門前、洛中柳ヶ図子で蟄居《ちっきょ》した。ここは現在の上京区柳図子町（烏丸通の寺之内と上立売の間）周辺の様である。一部史料では京都で寺子屋の師匠をしていたとも言われている。土佐一国の大々名から、ひどい没落ぶりだったらしい。又、最近の研究では、関ヶ原戦後、盛親は大坂屋敷から伏見屋敷に移り、慶長10年（1605）頃迄5年間暮らした後、大岩祐夢（幽夢）と名乗り、慶長17年（1612）頃迄、洛中柳ケ図子に移住して来た事が、島津家文書などから判ってきた。領地収入が無くなり、売り食い生活で経済的に行き詰まった結果と思われる。ここで真田幸村と同じ様な暮らしをしていたのだ。

そこへチャンスが訪れる。「大坂の陣」である。盛親は最後の出番と、招きに応じて土佐の元家臣団と共に大坂城入城。大坂方の主力の一翼を担った。冬の陣では軍議で幸村らと〝大野〟に対抗して野戦を主張したが容れられず、籠城戦となり膠着《こうちゃく》する。夏の陣では、八尾で藤堂軍と対戦し大勝した。しかし大坂方は敗北。しかし、最期まで再起の夢を捨てない意地をみせたが、不幸にも大坂方は敗北。幸村等諸将も戦死したが、彼は戦線から脱出し八幡迄逃亡したが捕えられ、慶長20年5月15日、六条河原で斬首された。

さて彼は、大岩祐夢として寺子屋を営んでいた時、蓮光寺の住職、蓮光上人と親交があった。上人は所司代板倉勝重《かつしげ》に請うて、その首級を貰い受け、蓮光寺の墓地に葬って供養した。盛親公41歳。法名を「領安院殿源翁崇本大居士」と称した。このお寺に遺品として太刀、鎧《よろい》（片袖）、鐙《あぶみ》が伝持されている。

2015年6月に蓮光寺で行われた、没後400年法要には100人の参列者で本堂は埋った。盛親の子孫を名乗る男性が持ち寄った鐙が、寺に伝持されていた鐙と形や色、大きさが見事に一致した。この方は大阪市在住の豊田さん。豊田家伝承によると、盛親は何人か男の子がいた。大坂城落城の際、落ち延びた次男の系譜を継いでいるという。鐙は、元は蓮光寺が所用しており、100年位前に蓮光寺で営まれた300年法要の際、祖父が寺から譲り受けたものであった。

このお寺には快慶作の知られざる阿弥陀如来像を、御本尊としている。由来は「人皇87代、四条院の御宇本朝大仏師康慶《こうけい》の弟子快慶安阿弥《かいけいあんなみ》あり、ある夜、夢の中にて聖僧のお告げを受く。云わく東国より名僧来たりて仏像の彫刻を求められるにつきその望みを叶えられるべしと……。霊夢にたがわず翌日、旅僧安阿弥を訪れ曰く、我は奥州湯殿山に庵室を結びいる覚明《かくめい》なり。かねてより護持すべき御本尊なき事を嘆きいるところ聖僧の夢告により上洛して安阿弥に、尊像を請えとのお示しにて参上……」。安阿弥も仏勅《ぶっちょく》と思い、120日をかけて新像を完成。覚明は来訪したが、安阿弥は未完成と告げ、翌年春、覚明は再訪、手渡し難いが安阿弥は覚明に御本尊を贈った。

しかし、安阿弥は今一度、御本尊を拝したく、後を追って、滋賀との県境、山科《やましな》の追分で追いついて御拝を願い、唐櫃《からびつ》の蓋を開くと、内より光明燦然と放出、紫雲がたなびく中、おそるおそる仏像を拝すると、二体に分身していた。この不思議に両名は感涙をむせび一体ずつ背負い、覚明は東国に、安阿弥は当地に帰った。この奇瑞《きずい》を歓び、この御本尊を「負別如来《おひわけにょらい》」と崇敬している。

現に宮城県仙台市泉区福岡の個人宅に「負別如来」と称し、当山と同じ縁起の尊像が奉安されている。

50 五人衆 明石掃部《かもん》（全登《たけのり》）

大西泰正氏の「明石掃部の基礎的考察」（『岡山地方史研究』125号、2011）によると、宇喜多氏の最有力の重臣である明石飛騨守（のち伊予守）行雄《ゆきかつ》の後継者、嫡子説がある。実名は「守重」、官途は「掃部頭」、号は全登（全誉）。

全登は、行雄が存命中の文禄5年（1597）4月以前にその跡を継いで、備前国和気郡大俣城（大股城）の城主・宇喜多家の家老となったが、領国経営には携わっていないという。文禄役、朝鮮出兵に渡海。

宇喜多秀家

知行高は３万３２１０石。秀吉に我が子のように可愛がられ、五大老の１人となった宇喜多秀家の従兄弟、宇喜多左京亮詮家《あきいえ》（のちの坂崎直盛）（１５６３～１６１６）の仲介で文禄５年（１５９６)頃に、キリシタンとなる。洗礼名はドン・ジョアン。積極的に信仰を広め、結果的に宇喜多氏領内で２、３千人の信徒を得る。慶長元年（１５９６）二十六聖人が長崎まで護送された時に、その警固を担当したのが明石全登で、結局は「日本二十六聖人」の殉教となるが、その中で、彼らをできるだけ良き待遇で扱う事に努力した全登の警固ぶりは、宣教師を通じてヨーロッパにまで伝えられたという。慶長３年（１５９８）８月18日秀吉死後の慶長４年と慶長５年（１６００）１月の「宇喜多騒動」で宇喜多左京亮・戸川達安ら譜代重臣が退去し宇喜多氏中枢が空洞化したため、領国支配に携わる。秀家の家老として、片腕と言われるくらいの重要な役どころをこなした。ただ、その家臣団のゴタゴタの立て直しが、未だ完成形を見ていない段階で、あの関ヶ原の合戦を迎える事になる。西軍の主力の１人として参戦していた宇喜多秀家に就く明石全登は、敗戦の状況を冷静に判断した後、主君秀家を伊吹山の山中に逃れるように手配した。そしてこの時、全登自身も関ヶ原から姿を消した。一説には、姻戚関係のある黒田長政に保護されて、しばらくは筑前（福岡県）にいたという話もあるが、その後浪人となる。慶長6年5月、長崎へ行く。同月引退して道斎と号す。慶長10年（1605）7月、山口に向かう。慶長17年（1612）9月、都のイエズス会から援助金受けるなどと記録を残す。大坂の陣の五人衆の一人、大坂の陣では、キリシタンだった彼は、秀頼がキリシタン保護の政策をするということで、慶長19年（1614）10月3日、大坂方に参加した。大坂入城を果たしたのは、大名格武将としては最初であり、彼と共に相当数のキリシタン浪人が入城した。開戦前、彼はキリシタンルートを使い、大量の武器弾薬その他を城内に搬入した。

真田信繁（幸村）も「16世紀イエズス会日本報告集」に「真田フランコ」という名が残っている。幸村は、明石の影響で洗礼を受けたのではないかといわれている。明石は幸村の作戦の中で重要なポジションに就くが、作戦は全て失敗に終わった。後藤隊が道明寺口で徳川方伊達《だて》隊に敗れたすぐ後に、濃霧のため明石隊も到着。幸村、明石隊にて誉田《こんだ》付近で伊達隊の対戦。しかしすでにその頃、八尾《やお》・若江《わかえ》方面で豊臣軍は敗れ木村重成《しげなり》が討死していた。幸村・明石隊は撤退に入る。幸村隊と共に殿《しんがり》を務め、伊達隊と交戦撤退。最終日、〝天王寺の戦い〟。翌5月7日、大坂城南方の天王寺方面に家康が、岡山方面に秀忠が布陣。これに対して茶臼山に幸村が、天王寺の南に毛利勝永が、岡山口に大野治房隊が配置。このラインで敵を引き付け、明石隊は迂回攻撃と云う作戦であった。戦闘は敵を十分引きつける前に過熱し、幸村に続いて家康本陣に攻め入ったが、討死したといわれる。が、明石全登のみ討死地も首級も存在しない。きっと彼は戦線を離れキリシタンルートで逃れ、「かくれキリシタン」として生き抜いたのではないだろうか。

51 五人衆　後藤又兵衛基次

元は黒田官兵衛の侍衆で黒田二十四騎の剛の者として活躍をした、後藤又兵衛基次は、幼年期は諸説あるもほとんど定まってはいない。天正14年九州征伐の宇留津城攻めの頃から、記録にあらわれる。天正14年12月12日（1587）「戸次川の戦い」において仙石秀久が島津家久に大敗し、領国の讃岐国に逃げ帰った後には、黒田孝高《よしたか》の重臣である栗山利安の与力となり、黒田家に100石で仕える。領地替えを巡って徹底抗戦を行った城井《きい》氏との戦いでは、吉田長利と共に途中で黒田長政に退却を勧めるが聞き入れられずに敗北を喫し、天正15年12月の長岩城攻めの際には瀕死の重傷を負った。文禄元年（1592）から始まる朝鮮出兵にも従軍し、第二次晋州城攻防戦では、加藤清正配下の森本一久らと一番乗りを競った。慶長5年（1600）9月「関ヶ原の戦い」では石田三成家臣の剛槍使い、大橋掃部を一騎討ちで破るなどの武功を挙げ、戦後は黒田家重臣の一人として筑前六端城の一つ、大隈城（益富城）の城主となり、1万6千石の所領を与えられた。重臣であったが、慶長11年（１６０６）、官兵衛の子黒田長政と意見が合わず、浪人をしていた。そして真田幸村たちと同じく、大坂方の要請で大坂城に入り、大坂方の主力の一翼を担った五人衆として名を戦国史にとどめた。大坂冬の陣では軍議で幸村と同じく籠城戦に反対し、畿内への出撃策を提案した。5月6日大坂夏の陣、基次は3千の兵を率いて大坂城南方の小松山に進出。幸村との合同作戦が裏目に出た。幸村隊が濃霧の為、参戦が遅れたため、徳川方（伊達勢）2万の兵に三方から攻撃を受けた。道明寺口の戦闘である。後藤隊単独での戦いとなり退路は断たれた。もはや勝ち目なしと見た基次は、「死にたくない者は今すぐ立ち去れ」と号令し、決死の突撃を開始、徳川方2隊を撃破したが力尽き、基次も腰を銃撃され立ち上れなくなるが、それでも座ったまま槍をふり廻して敵に立ち向かい戦死。基次の奮戦は幸村の活躍と共に徳川方の細川忠興《ただおき》（豊前小倉藩初代藩主）から絶賛された。この時、豪勇の薄《すすき》田《だ》兼相《かねすけ》隼人《かやと》（?・～１６１５）も壮絶な闘

後藤又兵衛基次

死をした。家来が泥田に深々と基次の首を埋めたので確認されなかった。一説には彼は四国伊予に逃れ、松山城主で友人の加藤嘉明に保護され、百姓となり56歳迄生きた話もあり、当地にお墓も残っている。

52 大坂夏の陣の英雄は伊予で生き抜いた

後藤又兵衛基次（1560～1615）は5月6日「大坂夏の陣」に道明寺口で戦死したが、家来がその首を泥田に深く埋めた為、戦死したのかどうか確証が無く、その為、古来から次のような様々な説が生まれている。

一、大坂落城直前に、豊臣秀頼と共に薩摩に逃れ、同地で天寿を全うした。

二、京に逃亡中、所司代板倉勝重に察知され主治医によって毒殺された。

三、四国松山の道後温泉で湯治中、土地の無頼漢に襲われ殺された。

四、現在の大分県中津市耶馬溪町に隠れ住んだが、薩摩に落ちた秀頼が死亡した事を知り、自害して果てた。

墓も、耶馬溪町大字金吉伊福の他にも、鳥取市新品治町の景福寺にもあり、愛媛県伊予郡松前《まさき》町《ちょう》筒井の大智院という真宗の寺にもある。耶馬溪の墓は宝暦13年（1763）、村の伊福茂助なる者が建てたといわれる。鳥取県の墓は、又兵衛夫人が遺髪を持って一子の為勝（三浦治兵衛為勝）を連れ、岡山の実家三浦家に戻ったが、主家の池田氏が鳥取に転封になった為、同地に移り、又兵衛の遺髪を埋めて設立したものだと言われている。

ところが愛媛県伊予郡松前町《まさきちょう》の墓は、又兵衛が戦死と見せかけて落ち延び、旧友の松前城主加藤嘉明を頼って同市の筒井に隠れ住んだという。新説の有力な拠りどころになっている問題の松前町筒井の大智院には、現在、山門脇に古びた二基の供養塔が立っている。左側の塔石には後藤氏。右側の塔石には、清誉果実妙因大姉、慶安4卯歳10月24日という文字が記されている。左側が又兵衛。右側が夫人の墳墓だという。同地の古くからの伝承に拠ると、この地に逃れて来た又兵衛は、世をはばかり、又兵衛の弟名「市郎右衛門」と名を偽って、持参した黄金で土地を買い百姓となった。後年、市郎右衛門は荒地を開拓して多くの新田を拓いた。市郎右衛門こと又兵衛の開拓した土地を「後藤新田」という。他に、「後藤堰」など、付近に古地名が残っている。

市郎右衛門の妻は、源五郎という者の娘で、慶安4年（1651）10月24日に死亡しているが享年は不詳である。大智院の過去帳に拠ると市郎右衛門は寛永11年（1634）5月24日に死亡しており、法名を是誉休心良宅意居士という。大坂落城の時から数えて19年後の事である。又兵衛は56歳で戦死したという説が有力視されているので、生き延びたとすれば、享年は75だという事になる。

松前町に隣接する、伊予市の長泉寺《ちょうせんじ》に又兵衛の供養塔がある。又兵衛の首をはねたのは従者の吉村武右衛門《ぶえもん》で、彼は首を又兵衛の陣羽織に包み、『伊予古跡誌』によると、長泉寺近くの墓に埋めたといわれている。廟所は塀を隔てたところにあり、「後藤さんのお祭り」といって祀っていた。長泉寺は又兵衛の妻の伯父・藤岡九兵衛が僧となっていた寺。

海蔵寺というお寺には「後藤氏系図」が所蔵されており、元祖市郎右衛門について次の様に記されている。「名字本姓有故深ク秘スレバ此名頭ノ市ノ字モ商家ノ祖ト成ル仮ノ字ナリ。元和元年夏、大坂乱後、漂泊シ、当伊予ノ国、伊予郡松前ノ「城主使加藤侯」来リ給ウ」。ちなみに市郎右衛門に惣左衛門、七郎右衛門という二子があり共に、松山城下に住み、酒造業を営んで産を成した。その子孫の中から俳人、歌人を輩出したと言われている。

53 後藤又兵衛の壮烈な死

2014年の大河ドラマ「軍師　官兵衛」によく出てきた後藤基次（1560〜1615）は、〝大坂夏の陣〟の勇将。元は黒田官兵衛の家来で槍の名手。黒田二十四騎衆の一人。官兵衛の度々の戦いに参戦し軍功を立てた豪将であった。官兵衛の長男・黒田長政と対立し浪人となっていた。大坂の陣で大坂方に参戦し、真田幸村（信繁）、明石掃部《かもん》（全登）、長宗我部盛親、毛利勝永と共に「大坂五人衆」と呼ばれ、冬の陣では幸村と同じく、軍議で籠城策に反対し畿内への出撃策を主張した。慶長20年（1615）5月6日、基次は3千の兵を率いて大坂城南方の小松山に進出して、幸村らの援軍を待った。この〝道明寺の戦い〟は天候不順のせいで、幸村隊の到着が遅れた為、徳川2万に対して後藤隊のみで対決、三方から2万の大軍に攻められ退路も断たれた。もはや勝利不可と見た基次は「死にたくない者は立ち去れ」と号令し、決死の突撃をした。徳川の2隊を破ったが、力

上／黒田長政、黒田官兵衛／下

尽き基次も腰を銃撃され、立ち上がれなくなった。それでも座ったまま、槍を振り回して戦ったが、この豪将は壮烈な最期を飾った。この基次の戦いは、幸村と共に細川忠興《ただおき》（小倉藩初代藩主）から絶賛された。

元々、幸村と基次の想定した徳川の進軍ルートは、大和と河内から二手で大坂城下に入るルートであり、作戦では山間で道の狭くなる大和口に布陣して東軍を待ち受け、撃破する筈であった。しかし不幸にも、幸村隊は早朝からの濃霧に阻まれ、合流地点道明寺に辿り着けず、先陣の後藤隊が単独で進撃した。この時、徳川方はこの狭い道を通り抜け国分に布陣。後藤隊は、徳川の大軍と不利なまま戦闘に入った。幸村隊がようやく道明寺近くに到着した時には、後藤隊を破った伊達隊が迫ってきた。幸村隊は真田戦法で善戦したが、「若江、八尾の戦い」で、大坂方が敗れたため撤退、最後尾を守っていた幸村は「関東勢百万も候へ、男一人もなく候」と云い放ち、殿《しんがり》を務めた。

54　五人衆　毛利勝永

大坂の陣での活躍の五人衆の一人。天正5年（1577）秀吉の黄母衣衆《きほろしゅう》を務めた譜代家臣・毛利勝信（?～1611）の子として尾張国に誕生、父と共に豊臣秀吉の家臣として仕えた。天正15年（1587）父勝信は豊前《ぶぜん》国小倉6万石（一説に10万石）、勝永にも豊前国内に1万石（4万石とも）を与えられ、この際、秀吉の計らいによって毛利輝元の許可をとった上、森姓を、中国地方の大名毛利氏と同じ姓に改めた。慶長2年（1597）朝鮮出兵に従軍、蔚山倭城に攻寄せた明・朝鮮連合軍撃退に戦功を立てた。慶長5年（1600）関ヶ原の戦いでは、父と共に西軍に参戦。領国のある九州に下向していた父に代わり中央で軍勢を指揮した勝永は、伏見城の戦いで戦功を挙げ、毛利輝元・宇喜多秀家より感状と3千石の加増を受ける。しかし、毛利九左衛門（香春岳城主）や毛利勘左衛門などの多くの家臣を失った。続く安濃津《あのつ》城攻撃や関ヶ原本戦時には、勝永は輝元家臣と共に安国寺恵瓊《えけい》の指揮下に置かれた。毛利秀元隊の指揮下にいた為、吉川広家の邪魔により戦いに参加することが出来ずに撤退することとなったともいう。

山内一豊

　豊前では小倉城を黒田如水に奪われており、戦後改易となった。父と共にその身柄を加藤清正、次いで山内一豊に預けられた。旧知でもあり親交のあった山内家では1千石の封地をあてがわれ、父子とも手厚く遇されたという。殊に勝永の弟は山内姓を与えられ、山内吉近を名乗るなどの厚遇を受けた。毛利勝永に対して死罪の可能性もあったが、豊臣秀吉の存命中に命令された伏見城の普請にて木材が足りなくて困っていた徳川家康を、奉行を務めていた父毛利勝信が裏から手を回して助けた事から死罪は免れたとされる。

慶長15年（1610）5月25日正室が死去、勝永は髪を剃って出家し、「一斎」と号した。

慶長19年（1614）豊臣秀頼よりの招きを受け、土佐からの脱出を計画。その際に留守居役山内康豊に対して勝永は、徳川方に付いた土佐藩主山内忠義とは昔衆道の間柄で身命を賭けて助け合う約束をしているからどうか忠義の陣中に行かせてほしいと頼む。長男毛利勝家を留守居に、次男鶴千代（太郎兵衛）を城へ人質として残すと云うので、康豊は安心して行かせたが、勝永と共に勝家も船で逃げ去り、大坂方に走った。山内忠義は激怒して、勝家の見張りだった山内四郎兵衛に切腹を命じ、鶴千代と勝永の妻と娘は城内に軟禁された。

大坂城に入城した毛利勝永は、豊臣家の譜代家臣ということもあり、諸将の信望を得て大坂城の五人衆と称された。大坂冬の陣では、真田信繁（幸村）らと共に出撃策を唱えたが容れられず、籠城戦では西丸ノ西・今橋を守備した。慶長20年5月7日、最後の天王寺の戦いで、大坂城南方に家康が、岡山方面に秀忠が布陣した。幸村たちの作戦は、天王寺付近の茶臼山に幸村が、天王寺の南に毛利勝永が布陣し、岡山口には大野治房指揮下の大坂方諸隊が配置された。幸村の作戦は、茶臼山から毛利隊、浅井長房（井頼）隊と共に岡山にかけて防衛ラインを布き、敵を充分に引きつけて、戦況に応じて明石隊の別働隊が迂回攻撃を仕掛ける作戦であった。しかしいざ戦闘に入ると冬の陣で失態を演じ、汚名返上といきり立った徳川方の本多忠朝《ただとも》の軍勢が、決死で猛然と進軍して来たので、作戦はまた失敗となってしまった。幸村は「事ごとみな食い違って、ついに成すこと無し。これは命の終わる時である。」と、つぶやいたと云う。幸村は、息子の大助を秀頼のもとに送り出馬を願ったがこれも叶わず、ついに突撃開始。毛利隊も家康本陣へ突撃した。幸村は戦死。それを見届けた彼は大坂城へ戻り、幸村の嫡子大助（幸昌）らと秀頼、淀殿の後を追って殉死を遂げた。

55 七人衆　木村重成《しげなり》、超イケメンの大坂武将がいた

豊臣方は、各地の浪人の寄せ集め集団であった。その中に超イケメンの武将が居た。この人の名は木村重成《しげなり》（1593?～1615）、「女装していたら気付かれない」ほどの、美貌の持主であった。豊臣秀次の家老を務めた、木村重茲《しげこれ》（木村定光）（?～595）の子といわれている。母の宮内卿局（右京大夫局）が豊臣秀頼の乳母となった事から、豊臣秀頼とは乳兄弟の間柄であったが、父

が「秀次事件」に連座して切腹して淀の所領を奪われた際には、宮内卿局は重成を連れ、近江国坂田郡馬渕村に逃亡した。後に、幼年である事や聡明さを豊臣秀吉が買っていた事等を理由に許され、豊臣秀頼に近侍して小姓を務め、元服後は秀頼の全幅の信頼をうけ、3千石を拝領して長門守と称した。慶長4年（1599）12月17日、豊臣姓を与えられる。豊臣家と徳川家康との関係が険悪になると、大野治長・渡辺糺《ただす》らと共に開戦を主張し、片桐且元《かつもと》を大坂城から追い出すのに一役買った。慶長19年11月26日の大坂冬の陣では後藤基次と共に今福砦攻防戦を展開し、数に勝る徳川軍（佐竹軍）と対等に戦いその名を広めた。初陣という。真田丸の戦いにも参加する。また、和議にあたっては秀頼の正使として岡山で徳川秀忠の誓書を受け、その進退が礼にかなっているのを賞された。

井伊直孝

大坂夏の陣が勃発すると、慶長20年（1615）5月6日、豊臣軍の主力として長宗我部盛親と共に八尾・若江（東大阪市南部）方面に出陣し、八尾方面には盛親、若江方面には重成が展開し、藤堂高虎、井伊直孝の両軍と対峙した（八尾・若江の戦い）。重成は敵陣へと突撃を開始するも、井伊軍との激戦の末に戦死。西郡《にしごおり》の堤の上で井伊軍の庵原朝昌《いはらあさまさ》の十文字槍に田圃《たんぼ》に倒された後、安藤重勝に首を取られたという。

首実検でその首級が徳川家康に届けられると、頭髪に香が焚き込めてあったので、その覚悟を感嘆させたという逸話が残っている。その後、首は重勝が密かに彦根まで持ち帰り、安藤一族の菩提寺である宗安寺に埋めたとされ、同寺院には木村重成の首塚がある。墓は第二寝屋川の南側、大阪府八尾市幸町6・3の公園にある。安藤長三郎（重勝）の子孫が、重成の150回忌、宝暦14年（1764）を機に、その菩提を弔うために戦死の地に墓碑を建てたという。また、木村重成に由来する地名として東大阪市若江南町1丁目には「若江木村通」という交差点がある。

なお、慶長20年（1615）1月7日に大蔵卿局の姪の「青柳」を妻に迎え、八尾・若江の戦い前に青柳と別れの盃を交わしたという。重成の死後、妊娠していた青柳は、近江の親族によって匿われ、男児を出産後に出家した。そして、重成の一周忌を終えると青柳は20歳で自害したという。また、青柳の出産した男児は馬淵家の婿養子となり、馬淵源左衛門と名乗ったと伝えられている。

「浪速の華と散る木村重成」その勇姿は、昭和9年（1934）に発行された国史画帳『大和桜』に描かれている。筆者も小学校一年生の時、その頃の高級の少年歴史本『講談社の絵本27　木村重成』を、親戚の叔父さんを市電の停車場へ見送りに父と一緒に行き、買って貰って大喜びで、毎日々、頁を開けて読んだのを思い出す。特に今も印象に残るのは「夏の陣」出陣の際、木村夫人が〝兜の中に香を焚《た》き込め〟その兜をささげている絵が、ありありと浮ぶ。美男子の武将と美人の武将夫人の最期、別れの場面であったのだろう。彼は優しい心を持っていた。大坂の陣で徳川方として参戦した、信繁（幸村）の二人の甥（信之の長男信吉と次男信政が参戦）を、重成が「優れた働きをする若武者」と称賛し、「あの二人を銃で撃たない様に注意せよ」と、兵に告げたと云われている。また彼は初陣の手柄を挙げ、賞を賜っても「自分一人の働きでは無い」と、その場で返上したと云われ、イケメンでマナーも良い人であった様だ。特に薄田隼人（兼相）と仲が良かったと云われている。

56 重成の首塚がこんな所にあった

「ひこにゃん」で有名になっている、彦根の町は、近代的な新しい町と古い町が調和した美しい町である。城を中心に東南の方向に整備された町割は、二代藩主・井伊直孝《なおたか》（1590～1659）の時代に城の完成と共に出来あがったものだ。町を歩くと馬場町《ばんばちょう》とか船町、京町等という古い地名も残っており、どことなく城下町の遺風が感じられる。彦根には藩政時代の遺構を示す古い町並みが二ヶ所に保存されている。

一つは城のすぐ南の城町1丁目から本町3丁目にかけての通りである。鉤型《かぎがた》に折れる道筋や、いかにも旧武家屋敷を思わせる建物の遺構、更に千本格子《こうし》や枡型の格子の付いた家が道路の左右に並んでいる。その古い町並みを歩いて行くと「宗安寺《そうあんじ》」という、初代藩主直政《なおまさ》夫人の立願によって建立された寺の、山門の前に出る。この山門は石田三成の佐和山城の正門を移築したものと伝えられ、現在もほぼ原型を留めているという。

佐和山城跡

ところで、その山門の傍らに、木村長門守卿首塚と陰刻された大きな石柱が立っている。大坂夏の陣で討死した木村重成の首塚がどうして彦根にあるのかというと、夏の陣でこの名将の首を取った彦根藩士の安藤長三郎《ちょうさぶろう》（重勝）（1597～1623）という武士が、この名将の死を悼み、その霊を慰める為に五輪塔を本堂の横に建てたという。この五輪塔のそばにはこの安藤長三郎の小さな墓碑も並んでいる。毎年5月6日には両氏の血筋を引く人が同寺に詣でて、「木村重成忌」を営んでいると言う。

もう一ヶ所の古い町並みは、宗安寺から南へ少し歩いて欅《けやき》並木の土手に沿って、芥川の流れに芹橋1丁目から2丁目の一帯にかけて残っている。この一帯は旧足軽長屋の建ち並んでいた所で、昔の細やかな町割そのままに民家がギッシリと建ち並び、土塀や白壁を廻した家や、道筋の所々に祀られている小さな祠に藩政時代の面影が漂っている。

この彦根の町並みを見たら、佐和山へタクシーで移動。佐和山は三角形をした232mの小山である。当初、佐々木氏が築城し、信長が浅井氏を滅ぼした後、丹羽長秀《にわながひで》を置き、秀吉は堀秀政、さらに堀尾吉晴を置き、そして石田三成が入った。

「三成に過ぎたるものが二つあり。島の左近に佐和山城」と歌われる程の堅城であった。

島左近は生年不詳、幼児より孫呉《そんご》（孫武と呉起）の書を読み、兵法に通じていたと言われ、初め筒井氏に後に豊臣秀長に仕えたと言われる。関ヶ原では黒田長政軍の銃の乱射で討死したとか、脱出して西陣の寺の僧となり生きたとか……。京都西陣に左近の墓がある。

57 七人衆　大野治房《はるふさ》

父・大野佐渡守定長、母・大蔵卿局（淀殿の乳母）の子として誕生。兄に大野治長、弟に治《はる》胤《たね》、治純《はるずみ》がいる。兄弟と共に豊臣秀吉、秀頼に仕えた。治房は幼少から、豊臣秀頼に仕えて5千石（1300石とも）を与えられた。大坂冬の陣が起こると、慶長19年（1614）10月7日、大野治房《はるふさ》は船場に砦の築造を開始する。彼は、二の丸と三の丸の一部と共に船場の砦を守備した。慶長19年（１６１４）11月、豊臣軍は木津川口の戦い（11月19日）、野田・福島の戦い（11月19日〜29日）、鴫野の戦い・今福の戦い（11月26日）、博労淵の戦い（11月29日）などで次々と砦を落とされ、残るのは船場と天満だけとなった。そこで豊臣家上層部は砦の放棄を決めたが、治房は「一戦もしていないのに撤退はできない。」と断った。困った治長は軍議を行うからと再三使者を送り治房を大坂城に呼びつけ、その間に砦の近くの町に火をつけ兵たちを撤退させる。12月２日主戦派の治房は、陣中で後藤又兵衛（基次）（１５６０〜１６１５）と対立した。その汚名返上のために治房は徳川軍への攻撃を計画する。秀頼に許可をもらい後藤基次の賛同を得ると、12月５日夜、治房主催で塙《ばん》団右衛門（直之）（１５６７〜１６１５）・長岡興季《おきすえ》（正近）（１５８６〜１６５８）・御宿《みしゅく》政友《まさとも》（１５６７〜１６１５）らを集めて軍議を開いた。そこで夜襲が決まり17日、豊臣方の塙《ばん》団右衛門らが、対岸の蜂須賀至鎮《よししげ》の重臣・中村重勝隊を殲滅。直之は蜂須賀家本隊からの援軍を見ると撤退に及ぶ。殿は長岡正近、城内への撤収は、大将の大野治房と御宿政友が務めた「本町橋の夜襲戦」。

明けて翌年、和議によって大坂城の堀は埋められ裸城になると、2月24日、治房が招いた兵法学者・小幡景憲《おばたかげのり》（１５７２〜１６６３）が、大坂城入城、治房の部将となる。景憲は、徳川家に復帰すべく、板倉勝重（京都所司代）・松平定勝（伏見城の城代）の指示を仰ぎ入城したのだ。3月13日、徳川スパイ・小幡は、治房主催の軍議では、新宮行朝《しんぐうゆきとも》（堀内氏弘）（１５９６〜１６４５）が主張した京都出撃策を論争の末に退けたといわれる。

元々和議には反対だった主戦派・治房は、独断で京都襲撃のために徴兵を実施。治房は浪人達を再び募集して兵の増強を図った。

3月17日、治房は、自ら招いた小幡景憲について京都妙心寺から密告を受ける。徳川氏に内通しており、京都所司代・板倉勝重（1545～1624）に連絡していたという。景憲は芝居を打ち、危機を脱するという。

徳川軍との再戦が近づいた慶長20年（1615）4月9日「大野治長暗殺未遂事件」が起こる。この夜、大野治長（1569～1615）、夜、大坂城中において、刺客に襲われる。城を出て宿舎に帰る途中ともいう。弟の治房ら従者たちが追跡して刺客を仕止め、治長は一命を取り留める。この頃の大坂城中は、治長を始めとする七手組・後藤基次の穏健派。弟の治房を始めに長宗我部盛親・毛利勝永・仙石秀範の主戦派。それに木村重成を始めに真田信繁（幸村）・明石全登・渡辺糺の中立派。この三派の上に秀頼と淀殿が座るという。

そして、4月26日、この日未明、治房は、後藤又兵衛（基次）の兵を含む筒井家旧臣を主力とした2千の軍を率いて大坂城を発して大和へと侵攻、郡山城に向かう。筒井定慶は領内総動員の1千兵を持って城に籠城する。夜間行軍の大野治房勢は郡山城に押し掛け城を包囲し、落城させる。翌日、治房ら、竜田・法隆寺らの村々を焼き、幕府の大工頭・中井正清（1565～1619）の屋敷

郡山城跡

など周辺を荒らして残党を掃討し、奈良を目指す。大和の諸将の指揮を任されている徳川方左縦隊・大和方面軍の水野勝成が、18時、京都より奈良へ到着。撤退した大野治房、ついに郡山城を放棄して大坂に戻る。

4月28日、治房、弟の治胤・塙団右衛門（直之）・岡部則綱・御宿正友・淡《たんの》輪《わ》重政・長岡正近（米田《こめだ》是季《あきすえ》）ら、浅野長晟軍の北上に対応する形で、和歌山に向けて出陣する。

4月29日「樫井《かしい》の戦い」。夜明け、徳川方・浅野長晟《ながあきら》の兵、樫井付近（大阪府泉佐野市）で、大坂方の兵と戦いこれを破る。大坂方の将・塙団右衛門直之（１５６６～１６１５）・淡輪重政、戦死する。

4月30日、先鋒隊の敗戦を聞いた大野治房ら、大坂に帰城し、大坂方が軍儀を行う。

5月7日の天王寺・岡山での最終決戦で、治房は岡山口の総司令官となり徳川秀忠軍を追い詰めるが、結局は戦力の差で撤退することになってしまう。治房は敗残兵をまとめて無事に兵を大坂城まで戻したものの本丸が炎に包まれ打つ手がなかった。そこで治房は玉造口から脱出して逃亡した。その後の治房はいろんな説があってはっきりしない。城に飛び入って焼死した『山本豊久私記』、京都で捕らえられて首を刎ねられる『土屋知貞私記』、生け捕られて板倉勝重から切腹を申し付けられる『土屋知貞私記』などある。

慶安2年（1649）2月に生存説が流れたため江戸幕府によって捜索が行われたとされる。

58 豊臣方武将　大野治長《はるなが》

丹後国中郡口大野が名字の地という。同地大野神社は大野氏の居館跡とされ〝関ヶ原合戦〟の頃迄、一族が住していたと伝えられる。社頭掲示板では、「大野城址　当地は、豊臣家の部将大野治長、父道犬（定長）ら、大野一族の出生地である。天正17年（1589）豊臣秀吉は大野道犬の武功と、その妻大蔵卿局が淀殿の乳母であった労に報い、和泉佐野と当大野で壱万石余を与え、当地に居城を築き、文禄元年征韓の役に出陣し勇名を轟かした。元和元年大坂夏の陣において、道犬の子、治長、治房らは豊臣秀頼、淀殿母子を守り、家康との大軍と戦つたが、武運つたなく一族すべて豊臣家に殉じた。」とある。とある。

大野氏といえば大坂の陣で秀頼の側近であった。修理大夫《しゅりだいふ》治長《はるなが》ということになるが治長の父も修理大夫と名乗っていたと伝える以外、大野氏の系譜について殆ど伝えるところがない。治長自身についても有名なわりに秀吉時代のことはよく分かっていない。天正19年（1591）に秀吉が三河吉良で狩猟を行った際には治長も従っている。文禄3年（1594）には伏見城工事を分担しており、当時1万石を領している。慶長4年（1599）正月には秀頼に伺候。この年10月、徳川家康に刺客を放った容疑で下野国結城に追放されたが、翌年赦免され、家康の会津上杉討伐に従軍した。同年9月の関ヶ原の戦いで東軍に参戦し武功を上げた事で罪を許され、戦後は家康の命で「豊臣家への敵意なし」という家康の書簡をもって豊臣家への使者を務めた後、江戸に戻らずそのまま大坂に残った。慶長12年（1607）4月には、秀頼の名代として大野治長が装束姿にて豊国社を参詣するほど信頼を勝ち得た。慶長19年（1614）6月、片桐且元の弟である片桐貞隆と共に家康の口添えで5千石を秀頼より加増され、その礼として貞隆と駿府にいる大御所・家康、次いで江戸の将軍・徳川秀忠を訪ねる。そして、同年10月、豊臣氏の家老であった片桐且元が追放されると、豊臣家を主導する立場となる。その後、豊臣家内部では主戦派が主流となり、各地から浪人を召抱えて大坂冬の陣に至る。治長の和平工作は実らなかったが何とか講和に漕ぎ着ける。しかし、徳川方は、堀をしゃにむに埋め尽くす。治長の屋敷まで破壊して堀の埋め戻しに流用した。慶長20年（1615）4月9日には、「大野治長暗殺未遂事件」に遭う。同年5月の大坂夏の陣では将軍秀忠の娘で秀頼の正室であった千姫を使者とし、最後の手段として自分が戦役の一切の責任を負うものとし、家康・秀忠に淀殿（茶々）・秀頼母子の助命を願うが叶わず、秀頼・淀殿と共に大坂城の山里曲輪で自害。

享年47。治長の弟治房・治胤も大坂城で秀頼に仕えたが、大坂落城の際逃亡、まもなく捕らえられ処刑され、御家は断絶した。

59 豊臣方武将　塙直之《ばんなおゆき》

後世、『難波戦記』などの軍記物や岩見重太郎の講談などで有名になったため、塙団右衛門《だんえもん》の名で知られる。

出自は不詳。出身地や素性も定まらない。

天正18年から天正20年の間頃、豊臣秀吉の家臣で伊予松山の大名となった加藤嘉明に召し抱えられた。朝鮮の役で活躍し、度々武功をあげて、350石の知行を得た戦役後、1千石の知行をもらう鉄砲大将に出世し、その際に地位に相応《ふさわ》しく、塙団右衛門直之と改名したという。

しかし慶長5年（1600）9月の関ヶ原の戦いの時に、鉄砲大将を任されながら、命令を無視して勝手に足軽を出撃させたため嘉明の勘気を被り、「将帥の職を勤め得べからず（お前には将の役目を勤める能力がない）」と叱責された。これに憤慨した直之は、「遂不留江南野水　高飛天地一

加藤嘉明

閑鴎（江南の野水に留まることなく、鴎は天高く飛ぶ）」との漢詩を、書院の大床に張りつけると、禄を捨てて出奔。一方、漢詩を読んだ嘉明も激怒し、「奉公構」を出して、諸侯が直之を雇うのを妨害した。

奉公構の身ではあったが、小早川秀秋は嘉明よりも格上のために遠慮せずに彼を召し抱えて、直之は1千石の知行で鉄砲大将となった。慶長7年（1602）10月18日の秀秋の死去により、主家が断絶して浪人となった。次いで小笠原吉光の知遇を得て、徳川家康の四男・松平薩摩守忠吉《ただよし》に仕えたが、こちらも慶長12年（1607）3月に死去して断絶し、再度浪人することになる。次いで福島正則が馬廻として召し抱えて1千石の知行を与えていたが、名古屋城築城の際（慶長14年）に、嘉明が正則に直に抗議して奉公構を守るように迫ったために、罷免された。

この様な経緯から任官を諦めて、妙心寺の大龍和尚のもとに寄宿し、一時期は剃髪して仏門に入って「鉄牛」を称したが、刀脇差しを帯びた姿で托鉢《たくはつ》をして檀家の不興を買った。

慶長19年（1614）大坂冬の陣が始まると、直之は還俗。山縣三郎右衛門なるものを家来としてまずは近江路へと進んだが、徳川方は多勢で功を挙げても禄は期待できないが、豊臣方ならば大功上げれば大名にもなれると相談し、決心して引き返して豊臣方に参加することになった。浪人衆の一人として大将大野治房の組に預けられ、和議が迫った頃、志願して夜襲の許可を得て、12月17日、直之は米田監物（是季）と共に蜂須賀至鎮の中村重勝隊の陣に夜襲をし、その家臣中村右近を討ち取るなど戦果を挙げた。その際、直之は本町橋の上に床几を置いて腰かけて動かず、士卒に下知を飛ばして戦い、「夜討ちの大将　塙団右衛門直之」と書いた木札をばら撒かせたという。これは嘉明に対して自分には将帥の才もあることを示すためだったと言われる。蜂須賀本隊が迫ると撤退。殿は長岡正近（米田監物）。城内への撤収は、大将の大野治房《はるふさ》と御宿《みしゅく》政友《まさとも》（正友）が務めた。（本町橋の夜襲戦）。

翌年の大坂夏の陣では部将の一人に任じられ、緒戦における紀州攻めにおいて大野治房の指揮下で出陣し、徳川方浅野長晟と戦う。4月29日「樫井の戦い」で、一番槍の功名を狙い、仲が悪かった先陣の岡部大学（則綱）と競い合って突出し、治房本隊や和泉国の一揆勢との連携が取れないまま、混戦に陥った。直之は浅野家臣の多胡助左衛門、亀田大隅、八木新左衛門、および横井平左衛門（上田重安の家人）らと交戦。一説には、直之は多胡の弓矢を額に受けて落馬したところを、八木に組付かれて首を打ち取られた。異説では、亀田大隅あるいは横井平左衛門が打ち取ったとも言う。直之の僚友の淡輪《たんのわ》重政《しげまさ》（?～1615）は、その戦死を見て、敵中に斬り込み討死。重政を討ち取ったのは水田治兵衛という。この時、大将の大野治房は願泉寺で食事をとっており、敗報を聞いて慌てて退却した。大坂方では生還した岡部大学（則綱）が勇士・塙直之を見殺しにしたとの批判が上がり、岡部は戦闘時は奮戦したものの退いたことを恥、一時切腹を覚悟したが、毛利勝永にそれを止められたという。落城の後には名を変えて隠棲した。

直之の墓所は、大阪府泉南郡南中通村大字樫井（現・泉佐野市南中樫井）にあり、大阪府道64号和歌山貝塚線（熊野街道）沿いに、淡輪重政の墓と隣接してある。

60 豊臣方武将 小笠原権之丞《おがさわらごんじょう》「家康の実子が〝大坂の陣〟に参戦で討死を遂げた知られざる話」

どの家系にも異端視される人物はいる。数多い子女をもうけた徳川家康にとっては、もっとも扱いにくく、かつ目ざわりな息子が〝小笠原権之丞〟であった。権之丞の生年は定かではないが、『幕府祚胤伝《そいんでん》』によれば京都三条某氏の女を母として生まれ、六男・松平忠輝《ただてる》のすぐ上の異母兄で小笠原越中守広朝《ひろあさ》の養子に迎えられたという。小笠原広朝は今川義元に属して三河寺部城《てらべじょう》を守り、のち家康に転仕《てんし》した小笠原広重の次男で、兄信元と共に家康に従い戦功を重ねた。広朝のもとで成長した権之丞はやがて近藤登助秀用《のぼりのすけひでもち》の女を娶《めと》り、家康の側近に仕える。またいつ頃からかキリスト教に入信し、敬虔な信者となった。慶長17年（1612）幕府はキリシタンを禁じた。しかし権之丞は棄教を頑《かたく》なに拒み、改易に処された。そして徳川氏関係の諸系図諸書は彼の存在を抹殺してしまった。信仰を通じてキリシタン武将明石掃部守重《あかしかもんもりしげ》（明石全登）と親しかった権之丞は、「大坂冬の陣」に際し明石から誘われ入城し父や兄秀忠に公然と敵対し、「夏の陣」では天満橋方面へ出兵して討死を遂げた。ただし小笠原家は将軍家の内命を受けたのか権之丞を広朝の実子として扱い続け『小笠原家譜』に大坂入城の件を記載していない。この権之丞には一男二女があり、男子は夭折、長女・次女は「縁坐《えんざ》」を免れ、密かに旗本に嫁いだ。『寛政重修諸家譜《かんせいちょうしゅうしょかふ》』ではキリスト教禁教鎖国下でキリシタン小笠原権之丞との血縁は隠された。大坂冬・夏の陣にはこの様な知られざる武将も参戦していたのだ。誰も知られざるような貴重な話である。

61 徳川方武将 加藤貞泰《ただやす》、大坂の陣で軍功

元和3年（1617）7月20日、伊予大洲城6万石は加藤貞泰（1580～1623）に与えられた。〃大坂夏の陣〃の軍功によるものであった。貞泰が旧領地の伯耆米子《ほうきよなご》を出発したのは同月

25日であった。給人132人を引き連れた大船団であり日本海から瀬戸内海を航行して10日を費やして8月5日に肱川《ひじかわ》河口の伊予長浜に到着した。上灘村清兵衛はじめ庄屋23人が出迎え、ここより貞康は馬に乗り、川沿いの陸路を大洲町年寄大和屋十左衛門の案内で大洲盆地に入った。時に貞康38歳であった。父光泰は秀吉の重臣で、朝鮮の役には軍奉行の要職を受け石田三成とは軍略上の対立で不和となり、内地帰還を目前に57歳で卒去した。嫡子の貞康は天正8年、近江国磯野村にて生まれた。母は一柳藤兵衛尉の女。文禄3年（1594）、15歳で家を継いだ。関ヶ原合戦では豊臣家の命により尾張犬山城の加勢に出動したものの、一方では弟の平内光直《ひらうちみつなお》を人質として家康の下野国小山陣所に送った。貞泰は犬山城で同じく守る竹中重門《しげかど》と謀り、稲葉貞政父子、関一政らに関東につくよう説得した。そして犬山城を出て西上してきた家康に謁した。

そして東軍の陣立に二番手として勝利した。そして伯耆米子城を与えられた。そして名君として名を残した。彼は大州の前領主脇坂氏の行った領内郷村を中核とする自治体制をより強固にするため「一村一庄屋体制」を進め、また伊予は海をひかえる国であったので造船に力を入れ、船手組を設けたりして領内の体制強化を目指していたが元和9年5月22日、44歳の若さで病死した。後に中江藤樹も育ち、彼の賢政はこの地に根付いたのである。

62 徳川方の豊臣恩顧の武将・渡辺了《さとる》（勘兵衛）、夏の陣で長宗我部と戦った人

永禄5年、近江国浅井郡速水庄の土豪・渡辺右京の子として誕生。のちに同族の渡辺任の養子となったといわれる。渡辺氏は嵯峨源氏で摂津の要衝、渡辺に発祥した渡辺党の末である。

はじめ浅井氏麾下の阿閉貞征《あつじさだゆき》に仕え、天正5年（1577）に初陣し、その後、摂津・伊賀などで戦い戦功を立て、貞征の娘を妻とした。「槍の勘兵衛」と称される槍の名手であり、摂津国吹田城攻めで一番首を挙げ、織田信長から直接称賛されたほどで、阿閉家の精鋭である母衣《ほろ》衆の一人であった。

後に辞して天正10年（1582）ごろより羽柴秀吉に仕え、糠山城攻めで功があり、2千石の扶持をもって、秀吉の養子である羽柴秀勝付きとなった。山崎の戦いや賤ヶ岳の戦いでも活躍し、石田三成家臣の杉江勘兵衛、田中吉政家臣の辻勘兵衛と並んで「三勘兵衛」と評された。そして、四国征伐などで戦功を立てたが、天正13年（1585）12月に秀勝（信長の実子）が死去すると、それに伴い浪人。

次に豊臣秀次の家老中村一氏に3千石で仕えた。天正18年（1590）秀吉の小田原征伐において中村勢の先鋒として働き、伊豆山中城攻めにおいては、秀次軍の先鋒が中村勢であり、その先頭

切って一番乗りを果たした。秀吉から「捨てても1万石は取るべき」と賞賛されたが、一氏からの恩賞はもとの知行の倍の6千石に過ぎず、これに不満を持って再び浪人、高野山に登る。

その後、増田長盛に初め客将として招かれ、次いで4千石で仕えた。慶長5年（1600）関ヶ原の戦いで西軍についた長盛の出陣中に、居城の郡山城を任された。戦後、既に長盛が所領を没収されて高野山に蟄居していたにも関わらず、「主君長盛からの命で城を守っている。それ以外の命によって開城はできない」と、城接収役の藤堂高虎、本多正純らにあくまで抵抗した。その後、徳川家康らによって長盛に書状を書かせるまで城を守り通し、無事に開城もすませた。

その忠義と力量に仕官の誘いが相次いだが、同郷の藤堂高虎に2万石の破格の待遇で仕えた。新たに高虎の居城となった伊予国今治城の普請奉行を務めるなど、槍働き以外の才能を見せ、慶長13年（1608）藤堂氏が伊勢国に移封となると、上野城城代にまでなった。「大坂の陣」では藤堂勢の左先鋒を務めるが、冬の陣にて戦い方をめぐり主君高虎と衝突。谷町口の攻防戦において長宗我部盛親の部隊に蹴散らされて、落馬して負傷するなど大敗。夏の陣「八尾の戦い」では、息子に属して従軍した。この戦いで目の前に現れた長宗我部盛親・増田盛次（長盛の次男）の軍と戦うべきかそのまま進むべきかと迷う高虎と意見が対立し、本戦で苦戦する味方を無視して持ち場から動かなかった。その後、長宗我部隊が撤退する際に久宝寺で追撃戦をし、300余人を討ち取る。

しかし、この活躍も独断専行、7回にも及ぶ撤退命令を無視して追撃して得たもので、戦いには勝っ

藤堂高虎

たものの損害もまた大きく、高虎や他の重臣たちから疎まれる原因となった。そのため戦後出奔して再び浪人となった。

再び仕官の道を探すものの、藤堂氏から奉公構（仕官を他の家にさせないようにする願い、秀吉が考えたものという）の触れが出ており、江戸幕府などからも誘われるものの、適《かな》うことはなかった。元和4年（1618）土井利勝を通じて高虎に奉公構を解除するように願い出たが、高虎は「奉公したければ（姻戚関係のある）会津の蒲生家か讃岐の生駒家に仕えよ」と命じ、これを彼は承知しなかった。寛永5年（1628）天海を仲裁役にして奉公構の解除を願ったが、藤堂家から出された一方的な和解の条件に承知せず、逆に高虎への不平不満を申し立てたため、交渉は決裂。高虎の死後も、子の藤堂高次が引き続き奉公構の方針を維持したため仕官はかなわず、その才を惜しんだ細川忠興や徳川義直（家康の九男）らの捨扶持《すてぶち》を細々と受けながら、「睡庵」と称した。

寛永17年（1640）7月24日、京にて79歳で死去。墓所は、新京極の誓願寺。

幸村最後の突撃

63 幸村の心理作戦　戦闘直前で兜をつけた？大軍を前にした心理作戦

大坂夏の陣は最終ラウンド。如何に効率的に、兵力を少ない真田隊で家康本陣を急襲し、家康の首級《しゅきゅう》をあげ、織田信長の桶狭間の様な逆転劇に持込み、大坂方の勝利に持ち込むのが、幸村のねらいであった。少ない兵力で大軍を打ち破る、これこそ幸村最大の魅力である。『常山記談《じょうざんきだん》』には、大坂の陣で幸村が采配を振った様子が詳しく記されている。道明寺で霧のため後藤又兵衛軍と合流が遅れてしまったために、伊達政宗率いる伊達の大軍と相対することになってしまった。伊達隊の先鋒には、800人ほどの鉄砲騎馬隊が配されていた。これと対決した時、幸村は自隊に伝令を走らせ軍令を伝えた。兵たちは驚いた。その時幸村は、わざと兵たちに兜を脱がせ、そして槍も地面に置かせた。兵たちは大変驚いた。そして敵が前進して来て、敵との距離が1キロメートル位に縮まった時、軍令が走り兜をつけさせ、敵と間が100メートルほどになった時、ようやく槍をとらせた。そして伊達隊を押し返し大きい戦果をあげた。この作戦には二つの準備段階を経ることによって、兵たちの戦闘意欲が増大する様に仕向けるという、幸村の戦略がある。これにより、幸村軍は勝ちに乗じて戦意の上っている伊達軍を押し返し、大坂城への撤退の道を開き見事に撤退したのだった。伊達の大軍の迫り来る心理。待っているうちに心理的に追い詰められて異常に戦闘意欲が向上した。この幸村の心理操作により、伊達軍を返却させることに成功したのだ。

64 「幸村決死の突撃」家康討死説も……

慶長20年（1615）3月13日、大坂城内での軍議が開かれた。幸村は、再び畿内に出撃し、大坂へ入る前の徳川軍を迎撃する出撃策を提案したが、またも大野治長・治房らの反対で棄却され、豊臣方は、徳川方を全軍をもって対抗し〃家康〃か〃秀忠〃を打ち取って形勢逆転を狙うことになった。しかし、5月6日〃道明寺の戦い〃で指揮系統の乱れから後藤基次（又兵衛）が討死し、豊臣方は劣勢に立たざるを得なくなった。翌日、〃天王寺の戦い〃では、徳川方本多忠朝《ただとも》の異状な突撃で乱戦となり、当初策定の作戦が不可能となり、「秀頼の前線への出馬により」全軍の士気を盛り上げ、全軍で徳川方への戦いを挑もうと考え、幸村は嫡子大助（幸昌）を大坂城へ送った。しかし、秀頼出馬要請は聞き届けられず。ここで幸村は死を決した。真田全軍で家康本陣への突撃を決意〃赤い軍装の真田軍全兵〟は茶臼山へ……。その後、秀頼は出陣の準備をするが、巧妙な家康の作戦の講和の申し入れの使者が到来の為中止となる。5月7日、〝茶臼山の戦闘〟が始り、真田幸村の作戦計画が不幸にも破綻した為「赤い戦団の真田軍」は死に物狂いで突撃〝家康の本陣〟へ突入し、家康は窮地に追い込まれた。一説には、家康はここで戦死し、大坂堺の南宗寺《なんしゅうじ》に葬られ、翌年に秀忠が、参拝に来たと云われている。しかし、数で勝る徳川方は巻き返して来た。幸村は安居《やすい》神社（大阪市天王寺区）まで落ち延び、疲労は余りにも大きく休んでいるところを、徳川方の鉄砲頭西尾宗《むね》次《つぐ》（久作）に襲われた。大きく全身疲労しきっていた幸村は、首を差し出す形で討死した。後日、西尾から「幸村と死力を尽くして戦い、ようやく首をとりました」と言上された家康は「お前ごときを幸村が相手にするものか」と〝大ウソ〟を看破したと云われている。歴史に残る幸村の大決戦はこうしてその幕を閉じた。偉大な知将は天に昇ったのだった。

65 松平忠直「大坂の陣の戦功が裏目に出た。大坂の陣、徳川方にこんな武将がいた」

菊池寛の小説で、つとに有名な松平忠直（1595～1650）、『忠直卿行状記』の暴君。こ

松平忠直

の松平忠直が幕命により豊後国府内、現在の大分市大分萩原に流されたのは元和9年（1623）29歳のときである。府内藩では領内の5千石を与えられ、この地に在ること2年9ヶ月、これより山手の津守に移されて、ここで25年の年月を送り、慶安3年（1650）9月、56歳で世を去った。津守への移住後は善政を称《たた》えられ、信仰に生きた仁君《じんくん》であった。この人が〝大坂夏の陣〟で真田幸村軍と対決した武将であることは、ほとんど知られていない。大坂の淀殿や秀頼や戦死者の亡霊が取り憑《つ》いたのか、この武将は、歴史に残る暴君となり狂って行ったのであった。

文禄4年（1595）松平秀康（徳川秀忠の兄）の長男として摂津国東成郡生玉に生まれ、6歳の時、一家と共に越前北ノ庄に移り、慶長12年（1607）父の逝去で13歳の若さで75万石を継いだ。大藩においては後継ぎの藩主が若年の際は重臣間の争いが起こりやすい。襲封《しゅうほう》5年にしてその禍が発生し越前騒動或いは久世騒動といわれ、ついに幕府の裁断を仰ぐに至った。この忠直が武将として最も光彩を放った一齣《ひとこま》は、慶長20年（1615）〝大坂夏の陣〟である。当時21歳の忠直は、越前の大軍を率いて出陣し、5月6日の黎明（明け方）、土地の案内を知った吉田修理（好寛《よしひろ》）を先鋒として天王寺の西に陣を設けた。大坂城兵の出ずると聞いて立ち上がり、立ちながら湯づけを食べ「兵糧を食えば餓鬼道へは落るまい。直ちに閻魔の庁へ」と馬に跨り突進した。続く越前勢の奮戦目覚しく大坂方の最強軍団、真田幸村隊と交戦、名将幸村の首を初めとして、首を討ち取ること3千652級。高麗橋より京口門を突破して真っ先に旗を城頭に掲げた。越えて10日、二条城に家康が諸大名を引見した際、忠直を賞して〝武功天下第一、古今無双〟と褒めそやし、名器〝初花の茶入れ〟〝正宗作の佩刀《はいとう》〟を、将軍秀忠からは、牧谿《もっけい》筆の落雁の画幅を贈られた。

今の鯖江市神明地区の田所町、岡野町、鳥羽町、西鳥羽町に福井市に編入された江尻町の各町は、昔の田所村以下八ケ町村で鳥羽野と総称されていた。開発前は人家とて無く広々とした林野で山賊野党の類が出没したところである。元和2年（1616）3月、忠直は神明神社に鳥羽野開発を祈願し、渡辺半兵衛を奉行とした。元和4年には開発奨励の布告を出し、同6年には流石の難事業も半ば成功を収め、協力した住民の忠節を嘉《よ》する文書を出している。元和9年（1623）配流の直前、近江国西教寺の鏡春《きょうしゅん》がこの地に寺地を求めたので寺領免許を聞き届け、菩提寺長久寺の建立を急いだ。長久寺は今の鯖江市岡野町にあり、忠直の衣冠束帯《いかんそくたい》の木像を安置し、境内には宝篋院塔型の墓がある。その下にはこの地11ケ町村の代表助左衛門《すけざえもん》がお礼参りの際もたらした浄土寺の墓下の土を埋めたと伝えられ、その当時は幕府をはばかって金網をかけていた。また鳥羽野新町総社として残る八幡社、その他、西鳥羽野町江尻町の八幡社も忠直を祭神として祀り続けてきた。この名君であった忠直が、いつ頃から狂ったか?・越前家の正史『国事叢書』には元和4年頃より暴逆になったとあるから、家康死後2年過ぎている。元和4年には、鳥羽の開発の振興保護の条例を出している。この頃から狂った脱線行為が始まった。元和6年、忠直が神父ベント・フェルナンデスから洗礼を受けたことが、日本研究家レオン・パジェスの著書『日本切支丹宗門史』に書かれており、有名なキリシタンの高山右近は一時加賀の前田家に預けられていたことがあり、したがって信徒も多く教会も出来て、その禁教の後も取締りがゆるく神父の往来もあった。従って、その途中、北の庄に立ち寄ったと思われる。一説には忠直の配流はキリシタン信仰の為と言われている。忠直には父から受けた遺伝で精神障害であったのだ。襲封後の家中の軋轢《あつれき》は、その感情に激しさを加えたのだ。これが勇猛果敢な大坂夏の陣の奮闘となり、また鳥羽野開発の如き難事業を完成させる大きな力になったと考えられる。

忠直の一生を見れば大々名の嫡子に生まれ、封建制度の下に育ち武将として〝大坂の陣〟で〝大功〟をたて鳥羽野の大事業を遂行し、24歳頃から狂ったような乱行が始まり、29歳で配流の身となり、ここでも再び乱行の為、山地の津守へ押し込まれ、56歳で最後は仁君とうたわれる生涯を送った。この乱行は〝大坂夏の陣〟の論功行賞に対する不満説と精神障害説がある。大坂の陣では、こんな武将も参戦していたが、余りこの事は知られていない。

66 恩賞に金子5枚を与え賞とした太っ腹

幸村は〝大坂の陣〟のとき、手柄を立てた者に将棋の駒の様な木製の木札を金子の代替物として「賞札」とした。そして戦いが一切れ終わると、この賞札と金子5枚を交換し、活躍を賞したといわれている。こうして浪人ばかりの兵を金の価値の魅力を利用して統率した。この手法は、その昔、父昌幸から学んだとも考えられる。関ヶ原の戦いを前に、徳川秀忠の大軍を上田城で迎え撃とうとした昌幸は足軽から農民に至るまで、敵の首一つに対し知行100石を与えるという大盤振る舞いを約束した。これの効果は大きく真田兵は大奮起し、数度にわたって攻める秀忠軍を敗退に追い込んだ。戦いで兵士たちの士気が一番あがるのは、やはり恩賞を目の前にしたときだろう。戦国武将はそのために戦をしているといっても差し支えないほどだ。

しかし幸村は金の力だけで部下を動かしたのではない。言葉数少なく温厚な中に滲み出る〝強さ〟を持ち〝人徳〟が溢れ出していた。「幸村」戦死の時、多くの部下たちは逃亡せず最後まで戦い抜いて戦死して行った。浪人衆にも慕われ、歴史に残る戦闘を遂行したのだ。

67 戦国無残!!敗者の哀れ　大坂夏の陣図屏風に見る

慶長19年大坂冬の陣で和睦なったのも束の間、淀殿・秀頼は移封の条件を受け入れず、慶長20年（1615）5月7日、大坂夏の陣の幕は切って落とされ、大坂市民は戦禍に巻き込まれた。この決戦は空前の規模の激戦となった。徳川方と豊臣方を合わせて20万を超える大軍が市街地で死闘を繰り広げた。真田幸村を筆頭に豊臣秀吉時代の重臣格の武将たちも、関ヶ原合戦で敗北し、浪人生活でくすぶっていた所に火が付いた様に勇気凛々、大坂城に多くが入城し〝冬の陣〟では〝真田丸〟の大勝をはじめとして勇猛に戦い、秀吉の作った難攻不落の大坂城は落城しなかった。その後、家康の計略にはまって堀を埋め裸城となってしまい、城を出ての戦闘になり、この格段の不利のため、ついに豊

秀頼・淀殿自刃の地碑

臣方は敗れて滅亡した。この大坂城落城の際、大坂の市中は火の海と化し、逃げ惑う一般庶民や豊臣方の敗残兵たちで大混乱となり、淀川は〝死の川〟となったという。戦火の中を必死で逃れる人々の中には多数の女性や子供がいる。こうした婦女子の惨状を「大坂夏の陣図屛風」には「婦女は多く下げ髪にて、馬にまたがるあり、二人一馬に乗るあり、幼《よう》を背《せお》い、また懐《ふところ》にし、あるいは荷物を負載《ふさい》す。盛美《せんび》の衣服を着るあれば裸体もあり、褌《ふんどし》を脱するもあり、共に奪われたる也。あるいは死屍の側を去り得ずして哭泣《こっきゅう》するあり。その狼狽哀迷《ろうばいあいめい》の態を描けること十分に。六分に及べる画面あれども、其惨状《そのさんじょう》見るに忍びず」と記されている。まさに戦火の犠牲になった敗者や弱者には残酷な仕打ちであった。この絵図は現在、大阪城天守閣に展示されている。

「暴行の場面」逃げ遅れた女性を捕らえて暴行する徳川方の兵の顔付の奇妙さ。

「狼狽の場面」淀川に架かる橋が落ち、橋桁にしがみ付く女たちや溺死する市民大衆で埋め尽くされ死の川と化した淀川。戦争は現在でも「惨酷」そのものである。

「強盗の図」死人や女性から衣服を剥ぐ徳川方の軽卒。

「溺死の図」淀川に逃れて船に乗ったが船が転覆して溺死していく庶民たち。

「略奪の図」庶民の荷物や敗残兵の鎧や刀を略奪している徳川方の軽卒。

「家宅侵入の図」空になった町家に進入している徳川方の兵。

「捕縛の図」徳川方将士に捕らえたれる敗残兵、側で泣いている女性たち。

「戦慄の図」長槍を持った徳川方将士に追われ、傷を負い恐怖におののく顔で逃れる市民たち。

「惨殺の図」豊臣方敗残兵を惨殺する徳川方の将士。悲惨極まる絵図である。

68 権右衛門の証言・豊臣家を完全に消す智恵

千姫が大野治長の計らいで、おそらく、淀殿や秀頼の了解のもとに助命嘆願の使命を帯びて城を出た事は確実である。その脇には、治長の下でしばしば徳川方との交渉に当たっていた米村権右衛門も付いている。彼はまず家康の本陣を目指した。この案内役の中に坂崎出羽守も居たのかも知れない。ところで千姫は、直《じか》に家康と対面したかと思われるが、米村には家康に直々に閲する資格はない。きっと秀忠付の年寄（老中）本多正信（１５３８〜１６１６）の袖にすがったのだろう。これを聞いた正信は秀忠の陣に行き告げたが、２代将軍秀忠（１５７９〜１６３２）は、「なぜお千は秀頼と

本多正信

共に死なかったのだ」と千姫に面会を許さなかった。と、『御撰大坂記』他の資料は伝えている。こうしているうちに時刻は過ぎ、徳川方の前進部隊が攻撃を始めてしまったので、和平の望みを失って、秀頼、淀殿は自害してしまった。推測すれば、賢い家康と秀忠が申し合わせて時間を稼ぎ、連絡不十分と見せかけ攻撃開始し、秀頼、淀殿を死に追い込んだのだろう。

■『御撰《ぎょせん》大坂記』は、従来の幕府の公式記録文書『武徳大成記』には不備があるとして、徳川吉宗の命により、寛保3年（1743）ごろ漢学者桂山義樹《かつらやまよしたね》、徳川家治《いえはる》の侍講・林信充《のぶみつ》（榴岡《りゅうこう》）（林家4代）らによって編纂された。大坂の陣などについて、記述されている。19巻19冊。

69 権右衛門の証言

これから推測すると、千姫脱出は大野治長の最後の仕事で、淀殿から抜け出した女性だけの脱出ではない。「先払い」の大坂方の武士が、先を歩き敵陣に向かって「千姫様お出なされ候、間、いずれの道も開き候給え」と大声で触れ挨拶をして、戦場の中を通っている。当時は未だ古い戦場のルールが残っていて、女性は非戦闘員として見逃すルールがあったし、「大御所」、この戦争のトッ

淀殿墓（太融寺）

プの家康の孫娘のお通りであり、安全に通れたのであったと思われる。預かった治長の娘も一緒に脱出させたという。前記の「大坂方の武士」と云うのは、米村権右衛門と云う大野治長の直近の人だ。前記の如く、助命嘆願の使命は達せられず、秀忠と本多の策略にはまったのだ。「事の行き違いあり、上様（秀頼）すでに御生涯《ごしょうがい》」であった。

一般通説の、千姫自身死を恐れて脱出したのでは無いことは確かであるが、権右衛門の後日話に、「権入」と名乗って出家し、江戸の東禅寺に住み込み庭掃除等の下働き人をしていたが、浅野長治《ながはる》に拾われて80歳迄、物頭役をしていた。ある日、同僚が彼に「千姫の脱出」は命惜しげだった云ったので、怒った権右衛門は職を退き、幕府に訴えようとしてトラブルになりかけたと云い、権右衛門は大坂方の者なれど、評判は良い。

これを見ても、彼女「お千」は、夫秀頼や姑淀殿の命乞いをすべく城を出たというのが、本当であろうと思われる。

70 大坂の陣余話「大坂落城の落ち武者の面白い話」

大坂落城後の首実検で叔父の真田信尹《のぶただ》（1547?〜1632）がその首を確認し得なかったのをキッカケとして、幸村生存説が浮上。落城の際、豊臣秀頼と共に城を脱出し、肥後から島津家を頼って鹿児島に入り、秀頼は鹿児島で生き、幸村はさらに秋田の大舘へ逃れて天寿を全うした、との記述が高野山の「一心院過去帖《いっしんいんかこちょう》」にある。又嫡子大助も殉死せず、堺に入り八木家の祖先となったと八木家系図にある。道明寺で討死した後藤基次も四国へ渡り生きたと筆者は別に書いたが、大坂方として参陣した多くの浪人衆は、また元の浪人となり、生きていた話が〝司馬先生〟の「余話として」の作品に「村の心中」というテーマで書かれているのが面白い。

「村の心中」この石川村大ケ塚という辺りは、二上山《にじょうざん》の山裾が、ゆるやかに降りてきて、田園のところどころに古墳などがあり、土師部《はじべ》の遺跡などもあって、人間がよほど古くから住み着いていたらしい。「ここから大坂城が焼け落ちるのが見えた」という口碑《こうひ》が伝わっているから、晴れた日には大坂城が見えたのであろう。いまは大阪の近鉄アベノ百貨店あたりを起点にすると東南へ20キロ。富田林《とんだばやし》街道を経て、この辺りまで来ると田園の情趣《じょうしゅ》が大阪府下では最もよく残っている。江戸初期にこの大ケ塚の庄屋は河内屋五兵衛という者であった。この五兵衛は姓も無い百姓身分の男ながら、農事の閑《ひま》には能狂言はやるし金剛流の謡曲、また俳句も嗜む。それに何よりも彼は優れた文章家である。江戸初期といえば学問はまだ士分階級の一部にしか普及していなかったことを思えば〃とんでもない〃ことで、大ヶ塚というような小字《こあざ》の小庄屋の教養は相当のものである。彼は寛永13年（1636）の生まれで壮年の頃から村の見聞などを材料とする〃エッセー〃を書きはじめ、大福帳のようなものに書きつけ老年になるまで及んだ。その文章は平明達意《へいめいたつい》で、その観察は客観性に富み、300年前の田舎の老爺とは到底思われぬところがある。

たとえば、この村に大きな寺があって、境内の一角には太鼓楼《たいころう》が高々と聳《そび》えているが、その太鼓《たいこ》番《ばん》で善右衛門という男のことを書いている。彼は大坂落城の時の「落ち武者くずれ」らしい。「当地御堂《みどう》の鼓番《こばん》に善右衛門という大男あり、この者は御旗《おはた》の者（大坂城の旗本）にて秀頼公のことをよく知りたる男なりしが、たびたび語《かた》っていう。秀頼様は御心おろかに御座ありしと也」（原文）

善右衛門の言うに、秀頼は〃サザエ〃がとくに好物で、おびただしく召し上がった。ある時、病気になり医者がこれを禁じた。秀頼はそういうことも知らず「近頃一向にサザエを膳にのぼさないのは、どういうわけか」と言うと、近習《きんじゅう》の者が、片桐市正《いちのかみ》（且元、秀頼の老臣）が皆取り上げて無くしてしまわれたと言うと、秀頼は首をかしげ「市正はサザエの実《な》る木まで掘って捨てたか」と言ったという。落城も間際という攻防たけなわのころ、秀頼がボンヤリしているので側近の者が諫《いさ》めて「戦となると大将のお言葉というのはかたじけないものでございます。いま諸人《もろびと》は上様の御為に苦労しております。ぜひお言葉をもって、労《いた》わって上げて下さい」と申し上げると、秀頼は〃おおぜい〃の中に出てきて「苦労」といった。それも「労」のところを「ながながと引きて大音声にて一言のたまえりと語りき」。この太鼓番のように大坂の落ち武者が村へ流れてきて百姓階級よりも以下の階級に落ちていたらしい。庄兵衛の親・惣兵衛、村医道宣《とうせん》の借家に住んでいる仁兵衛、あるいは宗八といった者がそうで、「宗八は御弓衆《おゆみしゅう》にて強弓を引きしと也。秀頼公御自害ののち当地に来り住せしなり。長命にて死す」。没落した福島家の牢人《ろうにん》も来ている。佐伯弓夕《きゅうせき》という老人もそうで、壮《さか》んな頃は福島家でも剛の者として知られたが、今は当時、中間として、雇《やと》っていた清三郎という者に夫婦ぐるみで養われている。この清三郎の渡世は髪結で、道具箱を担《かつ》いで村の道を上下していた。その主人、弓夕は80余歳まで生きたがその落魄《らくはく》ぶりは悲惨なもので「大男の大力の人なれでも80有余の年の暮には老いさらばれて、よろぼいまわり、われらごとき者に手を下す（丁寧に礼をし）までになっていたが、しかし筆者、「五兵衛は謡曲好きだけに侍というもの節度の高さを、よほど、好ましく思っていたらしく、この弓夕老人についても「昔よかりし名残とて、勇気の心ざし、顕《あらわ》れいさぎよき魂は消せもやらで、哀れにもいと惜しく覚えしか」と書いている。とりつぶされた加藤家の牢人も村に流れてきている。成田新左衛門という者がそれで、百姓清右衛門の借家に住んでいた。五兵衛は子供心にこの人が好きで「行跡の正しきこと人にすぐれたり、町中を往還せらるるに左右を一目も見ることなし」武士が往来を歩くときはキョロキョロしない。目をまっすぐに据え、さっさと歩く。牢人成田新左衛門はそういう風儀《ふうぎ》のひとであった。いまひとり加藤家の牢人がいる。青山八右衛門という人で「老いののちも　武士めきてて　なみなみに見えざりし」と五兵衛は書いている。大坂の陣の落ち武者たちは全国へ散り、百姓より「一格下の階級」で生き抜いたのだ。この話は、本当の秀頼像の姿が浮き上がっていて面白い。

71 秀頼、幸村は鹿児島へ脱出した！

歴史上の大事件の蔭に、その主人公の生存説は本当に多く残っている。筆者もこんな体験を持っている。大河ドラマで三谷幸喜氏脚本の「新選組！」が、NHKで放映されブームになった年の12月、一人の婦人が新選組記念館に訪れてきた。岡山から来たと云い、その夫人はこんな事を話した。「私の母の実家が岡山の高梁《たかはし》近くの山中にあり、先祖は〝源平の時代〟京都で討死したと云われる忠臣・佐藤忠信という〝云い伝え〟を子供の頃かを聞いていた。余り今迄歴史に関心が無かったが、この大河ドラマで長男も歴史大好きとなり、私も関心が大きくなったので調べて欲しい」とのこと。筆者も岡山県高梁市、玉の山中の御実家へ行き、ご親族5名の方から色々と聞いたが、すべて伝承で何も残っていないとのことで、山の中に二軒だけ古家が残っていた。山の下の村で聞いてみると、あそこは〝落武者の人〟の家と聞いておりますと……。

治承4年（1180）の〝治承の乱〟の以仁王《もちひとおう》も今、観光ブームに乗っている大内村（福島県南会津郡下郷町）に隠れ住んでおられたという。元はここは山本と云うところで、大内と云う名は以仁王が名付けられたとかで、大きな高倉神社がすぐ近くにある……。

大坂落城の時の首実検で、叔父の真田信尹《のぶただ》が幸村の首を確認できなったことをキッカケに、民衆の間に幸村が生きていたと云う噂が広がった。幸村は落城の際、秀頼と共に脱出、肥後迄下り、島津家を頼って薩摩に入ったと云われている。幸村は山伏に変身して谷山村に身を置き、真江田と姓を変え、身を置いていたとか。秋田県大館市の『一心院過去帳』には、幸村は秀頼と薩摩で別れた後、秋田の大館に逃れて、天寿を全うしたと記されている。嫡子大助（幸昌）も生き延びて、堺に身を潜め、堺の「八木家系図」によると、幕府の旗本八木家の祖先になったという。家康は幸村の猛攻で戦死、影武者が家康となり、一年後に家康らしからぬ食中毒が死因で死んだ。本人なら食中毒にならないと云われている。

72 秀頼の人面石と大坂城の抜け穴考

元和《げんな》元年（1614）5月8日、秀頼は大坂城の糒蔵《ほしいぐら》、または二間に五間の朱三矢倉《しゅみやぐら》で自害したと云われている。その場所は「山里東南《やまざととうなん》」とも「東の帯曲輪《おびくるわ》」とも記されているが、豊臣氏時代の本丸は山里と東の帯曲輪とは一続きで、石垣の高さが共に「八間四尺五寸」と古地図に記載されている。その場所は徳川幕府の再造に際し、高石垣に改められてその上に三重矢倉が建てられ、やはり糒蔵と呼ばれていた。従ってその新矢倉を「秀頼母子の死所」であるとし、血痕が残っているとの噂まで生じたのであったが、その矢倉下の石垣に「人面石」又は「黙面石」と呼ばれる小さな人の顔をした石が積み込まれ、周囲を大石でキチンと保護されている。秀頼母子自害の時に忽然《こつぜん》と出現した奇石だといい、伝説も生まれた。その位置は朱三矢倉の故地《こち》よりは多少高いがその故地を示していると見ることは出来るのである。しかし、秀頼が抜穴から脱出したという噂は落城直後から広まっている。生き残った奥女中《おくじょちゅう》〝おきく〟の物語もそれを肯定しているようで、脱出したその矢倉には落城前から用意がしてあった抜穴が玉造の方へ通じていたという。水掘の下を通らないとすれば当然そうなっていたはずである。家康は余命いくばくも無い老齢であり、秀頼はまだ23歳で春秋に富むとしたら、脱出して再挙の機会をうかがうのは最も自然なのである。幕府としては諸大名が公然に秀頼の死を認めていればそれで困らない訳である。

外国を見ても、英国でも滅びたはずのサクソン最後の王ハロルドと称する者が現れたり、絞首されたはずのスチュアート王統の者が実は生きていても、社会がそれを相手にしなければ困らないから当時の権力者は放任しておいたのであった。

山里曲輪跡

徳川時代の抜穴口は本丸西側の帯曲輪の内側、天守真西の石垣にその入口があると伝えられている。なるほど、そこに行って見ると地上数メートルの所に四角い石が差し込まれ左右に細い石が詰め込まれている。そしてその真上にある階段は横から見ると確かに窪んでいる。その抜穴は空堀西端の石造の土手の中を通っていて、昭和の初め城内を公園化するとき調査したところ、その堤は石の薄い板を左右から立てかけたものでその中を武士が腰をかがめて歩けるように造ってあった。その道は城代屋敷の下を通って西方城外へ通じている由で、近年逝去された佐藤氏が詳しい実測図を持っておられたが、抜穴は石で堅固に作られ曲がり角には四畳半位の部屋が設けられていたという。つまり徳川時代の抜穴の口は豊臣氏時代とは東西反対になっている訳で、西日本に討幕の兵が起こると大坂城は孤立して敵の包囲を受け本軍が関ヶ原かどこかで決戦を行うまで敵の一部を大坂城に引きつけておく役目があった。その時、抜穴があれば海路又は山路を辿って城中の様子を本軍に知らせることが出来たであろう。秀頼はこの抜穴から脱出し鹿児島へ、鹿児島にはお墓も残っている。

「大坂の陣」で秀頼と淀殿、そして家来たちの死に場所「山里曲輪」とはどんなものであったのか？城内の戦闘面のことを一切考慮せず庭を作り、池を掘り、茶室を設け風雅に親しむ曲輪のことをいう。同じような曲輪で、山里曲輪の名を用いないものに水戸城の「偕楽園《かいらくえん》」、金沢城「兼六園《けんろくえん》」、岡山城「後楽園」がある。信長の安土城にその起源があり、秀吉の大坂城、伏見築城により「茶の湯」面から名づけられたものと思われる。江戸城の場合「吹上《ふきあげ》」にあたるが、紅葉山を含めた一帯に「山里」の遺名がある。姫路、熊本、名古屋城等にも遺名がある。偕楽園、兼六園の場合、西の丸同様、独立丘隆上の砦の様相を呈し幕府から睨まれた。

73 大坂城の抜穴「幸村は抜穴大作戦を行った。」

大坂城の真田幸村の抜穴は有名である。籠城する時は抜穴は必要であろう。俗に抜穴は落城に先立ち、城主が脱出するためのものと言われているが、身命を投げうって奉仕してくれている家来を見殺しにして、独り逃亡するような主人では家来になり手も無かったと思われる。戦国の世の主従関係は、盛衰存亡を共にする団体であった。従って城内の御殿でも表の対面所のすぐ次には「御焼の間」「おたきびの間」とか「御料理の間」とか呼ばれる長囲炉裏《ながいろり》のある建物があって、城主はそこで家来たちと共に一つの鍋を囲んで食事をしながら談笑に夜を明かしたものであった。徳川家康のもとに、伏見城落城、鳥居彦右衛門討死の急報が届いた時、家康は江戸城の「おたきびの間」で食事中あったが、そのとき家康の形相のすさまじさに家来たちは恐怖を感じて隣室へ避けたと伝えられている。この時代の抜穴は主君だけのためのものではない。支城であれば密使を出して本軍と連絡し、何日間籠城できるかを報告したり、来援軍と敵を攻撃する手筈を定めたりする必要がある。本城であっても城外の様子や動向を探るのに有用である。「大坂冬の陣」の末近く、東軍の使者が城中に赴くと、新鮮な鯛の料理が食事供応の時に出された。城方の云ったところによると、攻囲中の軍勢（東軍・家康軍）の中に内通する大名たちが居たのであった。その大名たちからの進上物《しんじょうもの》ということであった。だが、本当は大野修理治長の近臣米村権右衛門（千姫救出劇で活躍した人物）が密かに堺へ行って買い求めてきたものであったといわれている。四面重囲の中にあっては抜穴による他に、出入りする途はない。抜け穴を使って出入りをしていた確証である。

「真田幸村の抜け穴と伝えるものは、先ず真田丸の東方の三光《さんこう》神社の崖下を西に入って行く穴があり、これに次いで700メートルほど南方に味原池《あじはらいけ》があり、これを隔てた産湯稲荷境内に2ヶ所、南に入る穴と東へ入る穴がある。一つは家康本陣のある平野の町へ通じていたと伝えられている。そして茶臼山北側の麓にある一心寺《いっしんじ》境内の井戸が抜穴の出口である」と言い伝えられていたことを書いた、この文の筆者、青山学院教授の桜井成広氏が同寺に墓を持っておられる。「故八代目

真田の抜け穴（三光神社）

団十郎《だんじゅうろう》のお墓が同寺にある。」十代目団十郎氏と夫人がこもごも話されたことを聞かれたと云う。戦後（第二次世界大戦後）、その井戸が埋められてしまい、その上に墓地として多くの墓石が建ってしまったのは惜しいことである。

大坂の陣の時、全国の徳川方の大軍に稲麻竹葦《とうまちくい》（二重三重に）包囲され、城外に味方のいなかった籠城方（大坂方）としては、抜穴から突き出して、敵の本陣へ切り抜け切り込み、敵将（家康・秀忠）の首級をあげるより他に勝利を得る方法はなかったのだ。幸村の戦闘方針はそれであった。幸村が茶臼山の家康本陣を、嫡子大助が平野の秀忠本陣を襲ったことは『真田三代記』のような俗書にしか書かれてなく、正史には茶臼山の丸の鉄砲小屋から火事が出た位しか載っていない。しかし、攻撃軍の士気に障《さわ》るようなことはすべて抹殺するのが自然である。「大坂夏の陣」落城の日、幸村が家康の本陣に三度切り込んだが、三度目に幸村がとうとう疲れ果てて、西尾に討たれて戦死したことは、この時従軍でいた細川忠興の手紙に書いてある。家康の側近に兵士が少なくパニック状態であったこの時、僧侶の金地院崇伝《こんちいんすうでん》が家康の側に居て太刀をふるって戦闘に参加し、攻兵を三人切ったといわれている。この活躍で家康から一文字の上に三個の黒玉を描いた家紋を家康から賜って金地院《こんちいん》の紋章としたと云われている。こうした家康本陣の攻防戦も、幸村が多数の兵士を抜穴に隠していたことの実証なのである。

74 淀殿の亡霊

徳川大坂城は、幕府がその威信を西国に誇示するために堅固な上にも堅固な新城を再造したから、構成の壮大さに於いても、備砲《びほう》の数に於いても、世界一であったと云えるが、はなやかな、又〝ロマンス〟に富む点に於いても優れており、殊に、怪談の豊富さは世界一であろう。徳川氏後期になると城中御殿修繕のため幕府は莫大な費用を大坂の富豪たちに申し付けたが、其の頃から城内案内書が幾種類も著《あらわ》されるようになっていった。一般市民が城に関心を高めたからであろう。怪談はそういった書物に多く載っている。夏の夜話のように種がつきない程多いのである。

この内、二・三を拾って見ると、まず「かむろ雪隠《せっちん》」。ある大名が城代となり入城しその雪隠を見たが、何の変哲もない。用をすまして出て見ると可愛らしい禿《かむろ》が燭《しょく》を捧げて控えており、手を洗おうとすると水をかけてくれた。大名はそのまま帰りかけたが、後ろを振り返って見ると少女が巨大な化け物に変っていたので睨み付けたら忽ち姿が消えたと云う。

また「ババア畳《たたみ》」と云う話もある。城中に七枚の畳が積んであって、その上に寝ると怪異があると云う。或る勇気のある侍が寝てみたところ、夜中に胸を押さえつけられるように苦しくなったので、目を開いて見ると白髪の凄い老婆が胸の上に載っている。サテは思って、渾身の力を振いて老婆をはね落とした。途端にその姿が消えたと云う。

また、大台所《おおだいどころ》の大釜の蓋《ふた》の上に、小石が一個乗せてあって、それを取り去ると怪異があるとか。

また、有名な肥後石《ひごいし》は異変ある毎に怪しい声を発するとか。

ある城番の大名が化け物を退治したところ数メートルもある大イタチで、その皮がその大名家に伝来しているとか、いわれている。

このような怪談の中でも一番気味が悪いのは「淀殿の亡霊」である。城の奥に淀殿御殿が残っていて、深夜、笛の音がかすかに聞こえてくることがある。ある武士がその音を頼りにだんだん奥に進んで行った。その時、その御殿で淀殿の亡霊が美しい少女たちと笛を楽しんでいた。淀殿はきーとその武士を見て「わらわを見たことを漏らすでないぞ。万一漏らしたときはお前の生命はないぞ

徳川家茂

や。」と恐ろしい目付きで申し渡されたので、その武士が恐ろしく震えが止まらず、這《は》うようにしてその場から逃れ出て、絶対に口外せず守り通し、年老いて病となり、死の枕辺《まくらべ》で初めて亡霊の話を明かしたと云う。

こうした数々の怪談は幕末になって将軍家茂《いえもち》が城に一時住む様になると、いっぺんにに雲散霧消《うんさんむ しょう》してしまった。家茂が起居《ききょ》した最奥の御殿は銅御殿。前記の城内案内書の一つによると、それが淀殿御殿であって、その南庭の中央に当たるところに現在、中心木《ちゅうしんぼく》という根株が残っているので「故址《こし》」はよく分かる。もちろん亡霊は出なかったが家茂はこの御殿で脚気衝心《かっけしょうしん》のため、急逝《きゅうせい》したのも不思議である。そして長州征伐は完敗に終わり、淀殿の怨念か、徳川幕府は滅亡の道を辿って行くことになったのである。

千姫のその後

75 大坂落城　千姫物語の本当とウソ

大坂落城のドラマの「二つのヤマ」は、千姫脱出劇である。この事件程、諸説紛々《ふんぷん》で判りにくい事件は無い。千姫（1597～1666）が、淀殿（1569？～1615）、秀頼（1593～1615）と共に自刃せず命を保った事実は本当なのだが？脱出の真相は霧に包まれて見えないのである。落城寸前のパニック状態の時で、当時周辺に居た人は死んでいるからである。

昔からよく聞いたり読んだりした通説は、こんなことである。いよいよ落城寸前になった大坂城では、淀殿が厳重に千姫を監視して、憎き家康の孫もろとも死をと、千姫の袖を自分の膝の下に敷き身動きのとれぬ様にしていたと云われている。それを見た刑部卿局《ぎょうぶきょうのつぼね》（1570～1661）という侍女のチーフがとっさに一案を計画して、少し離れたところで侍女たちに「秀頼様が負傷」と叫ばせ、これを聞いた淀殿がパニックとなり、秀頼が自害をしたのかと秀頼の居間に走る。すきに刑部卿局が千姫を案内して、侍女二・三人とその場を脱出。

その一方で家康の陣では、孫を可愛がっていた家康が「千姫、お千を助けよ、お千を救助した者には、お千を妻として与えよう」と、叫び大騒ぎをしていたところ、坂崎出羽守直盛（1563？

〜1616）が、猛火の中に飛び込み、自分も顔に火傷を負いながらも無事、千姫を連れ出した。これが通説であり真相であると云われているが？筆者も少年期に映画でこの場面を見た。その印象を思い出す。このあと、色々とトラブルがあり、坂崎は憤死している。多くの人たちは、この筋を覚えている。これは本当であろうか？考えて見ることにしよう。

「淀殿が千姫の袖をひざの下に敷いていた」。これは『老談一言記《ろうだんいちごんき》』（江戸中期の新井君美（新井白石）編）と云う史料に記してあることで、「大坂落城戦」を冷静に伝える資料に『義演准后日記《ぎえんじゅごうにっき》』（62冊。慶長元年（1596）から寛永3年（1626）までの記録）があり、この話は入っていない。この日記の作者である義演は醍醐三宝院の門跡さんで、秀吉の醍醐の花見の《チープ

義演

千姫

ロデューサー》と云える人。この中での千姫脱出劇は全然違う。これでは千姫を脱出させたのは、当時大坂城チーフの大野治長《はるなが》（1569～1615）で「御タスケニ預ルベシ」と記してある。これと徳川方の史料を読んでみる『駿府記《すんぷき》』（慶長16年（1611）8月1日から元和元年（1615）年12月　29日までを記す）、これには秀頼と淀殿の助命。大野治長以下の切腹の条件を申し入れたと記されている。他にもこの説と同様の史料がある。

76 千姫、脱出の時、坂崎出羽守は奮闘したのか？

この話はつと有名であるが、千姫脱出の時、付いていた侍は、史料によって、何人かの名前が上げられている。『大坂陣山口休庵咄《きゅうあんばなし》』（豊臣家臣山口休庵が大坂冬の陣に於ける城兵の働きを述べた書）は、南部志賀守だと云い、『駿府記』では、大野治長の家臣・米村権右衛門だと記されている。その他、有力な人は堀内氏久（主水）（1595～1657）である。この人は『寛政重修諸家譜』（江戸幕府が編修した系譜集。1千530巻。文化9年（1812）に完成）の中で、自分は大坂の陣の時、大坂方にあったが、落城に及んで南部左門や刑部卿局と共に千姫を守護して城を出たと云い、それによって、後に徳川家康に仕えて下総《しもうさ》国内で500石を頂戴している。これは間違いなき事実である。自分一人の手柄にせず、刑部卿局や南部という侍の名前を出しているので正しいのではないかと思われる。してみると大野治長の密命を受けて交渉にあたったのが米村権右衛門で、これに堀内、南部が加わったと云うことになる。この堀内氏久は、坂崎出羽守直盛の知り合いだった。戦国の武将の間でこういう事はよくある。

坂崎出羽守直盛は、元々、備前の宇喜多の一族で、旧名も浮田（宇喜多）左京亮詮家《あきいえ》と云った。従弟である宇喜多秀家は関ヶ原で西軍の将として敗れ、後に八丈島に流された人である。関ヶ原の時、浮田左京亮は徳川方に付いていて、戦後、津和野三万石を貰った時、坂崎出羽守と名を変えた。

千姫の墓（京都市左京区　知恩院）

こういう人だから、大坂方に知人がいたので、たまたま、堀内氏久たちが通りかかったところに陣を敷いていたのだ。そこで氏久は、ここへ身を寄せた千姫を無事に家康の許に送り届けて欲しいと頼んだのである。そうすると坂崎救出話は全くのウソと云うことになるのだ。たまたま氏久たちの一行が城から出てきた、そこに陣を張っていたと云うことだけで、それも顔見知りで、保護を頼まれたと云うことになる。千姫が大坂城を脱出したのは、元和元年（1615）5月7日で大坂城が火に包まれるのは、その翌日である。これでは火傷したくても、出来ないのではないか。では、なぜ坂崎出羽守の千姫脱出劇と云う伝説が生まれたのか。

この話を伝えるのは『焼残反故《やけのこりほご》』（小川俊方著、享保9年（1724））の大坂城落城の時、「秀頼卿、御台様。御出之事」と云う一節だけである。これには世に伝えられる様に家康が「誰人にても城中に走り入り、奥方を伴い出る者あらば、貴賤を問わす、妻女となし、その上、貫禄を給はらん」と云ったとあるが。この書でさえも、大野治長が城の方から「御台さまを出し奉る。誰か受け取るように」と呼びかけたので、坂崎出羽守がこれを受け取ったとある。彼の活躍はここにも見られない。

これより正しいと思われる『山本日記』は、坂崎に否定的である。千姫が城を出た時には辺りを人払いをして通ったとしか書かれていない。「坂崎出羽守と云う、異風者、乗向ヒシガ彼、異風者モ払ハレ御供仕ラント申モ近辺士寄セズ、御本陣へご案内仕エント先へ乗ヌケ、家康公へゴ注進申我才覚ヲモッテ御供仕タル様其砌リヲ云ヒフラシ……」と書いてある。これは出羽守の死後に書かれたものらしい。彼の働きで無いと云う見方が、当時あったと云うことである。

77 坂崎出羽守、憤死の本当は？

炎のドラマの主人公・坂崎出羽守（1563？～1616）の事件は、全くのウソなのかと考えるとそうでもない。大坂落城の翌年、「千姫が本多忠刻《ただとき》（1596～1626）に嫁ごう」とした時、無理矢理に奪取すべく騒動が起きたのは事実である。日本に当時居たイギリス商館長（カピタン）のリチャード・コックス（1566～1624）が日記の中に記録を残している。

「1616年10月10日、夜遅く、江戸市中に騒動が起こり、これは出羽殿と呼ばれる武士が、皇帝の女の明日新夫に嫁せんとするを、途にて奪ふべしと公言せしに依りてなり」。さらにコックスは「老皇帝、家康が、大坂落城の折の彼（坂崎出羽守）の手柄に対し千姫をあたえようと約束していたが、現皇帝（秀忠）はこれを許さず、かえって切腹を命じた。」と書いている。これを読むと家康が、坂崎に千姫をやろうといったことは確かと云うことになる。家康は激戦の中で、孫の無事な顔を見て喜びの余りに気が高ぶり、老練な彼がうっかり変な約束をしたのだろう。

しかし、夫（秀頼）の助命に来た千姫に、この話はオカシイと思われる。この話に無理がある。出羽守には千姫と同じ年頃の息子がいるし、もう、中年を越えていた。彼には正室がいたはずだ。いやしくも前右大臣の正室（千姫）を、家臣（坂崎）の側室には出来ないし、坂崎出羽守は宇喜多に連なる外様で格は低い。この疑問に答えるのに新井白石の『藩翰譜』にこうある。家康は「そなたは京に知人多い。千姫の再婚相手をその中で見つけよ」と言ったと云う。

■『藩翰譜《はんかんふ》』は、江戸時代の家伝・系譜書。著者は儒者新井白石（１６５７～１７２５）。全12巻。藩譜《はんぷ》との略称でも呼ばれる。元禄15年（１７０２）成立。元禄13年（１７００）甲府藩主の徳川綱豊（のちの第6代将軍家宣《いえのぶ》）（１６６２～１７１２）の命を受けて編纂したという諸大名３３７家の由来と事績を集録し、系図をつけたもの。慶長5年（１６００）から延宝8年（１６８０）までの内容が収録されている。

78 千姫を横取りした、本多忠刻《ただとき》の、母お熊

坂崎事件の裏にこんな話がある。家康は「お前の嫁にやる」では無く「お前に任せる」と言ったのだ。それを聞き、坂崎出羽守は腕の見せどころ、出世のチャンスと張り切った。推定するに京の公家衆の中から、千姫に佳い相手を見つけ出していたところ、その裏で本多忠刻《ただとき》との結婚話が進んでいた。出羽守の話は相手にされず、これは相手の公家に対して顔向けできないと、花嫁行列を掠奪するという無茶な事を考えたのだろう。彼はさておいて、「千姫を横取り」したのは忠刻母のお

熊。何とお熊（1577～1626）は家康の孫娘で、遠州《えんしゅう》二俣《ふたまた》城で切腹した家康の長男信康（1559～1579）の娘である。父の不運を憐れんで家康に可愛がられていた。その関係で家康の「死の直前」の病床に忠刻を連れて行き、千姫を嫁に貰う事を強引に承諾させたのだ。千姫を貰えば本多家の格も上がる。「秀忠とも佳い関係になる」と……。お熊の思った通り、本多家は出世し加増の上、姫路へ転封、千姫持参金10万石であった。お熊の打った大ホームランであった。普通の話は、千姫が忠刻に見初めたと云うことになっているが、坂崎出羽守はお熊に負けたのだ。坂崎家はこの事件で断絶している。表向きは直盛が自害したとしているが、本当は家臣に殺されたらしいのだ。次に記しているが、坂崎家が前田百万石に就職し明治期まで、続いた事が近年判った。

79 坂崎出羽守の子孫が加賀に

徳川家康の孫娘、千姫との因縁話で知られる坂崎出羽守の子孫が加賀藩に４５０石で仕え、明治初期まで「三宅氏」と名乗って続いていたことが明らかになった。石川県郷土資料館の学芸員が、加賀藩の職員録にあたる侍帳から偶然発見し、お墓も金沢市芳斉2丁目の高巌寺で確認された。出羽守は千姫を奪おうとして家臣に謀殺された、幕府に反抗した迷臣とされている。その子孫、三宅氏は加賀藩の中で〝破格の待遇〟を受けており、出羽守の子孫であることが知られていたかと推測されている。三宅家の「坂崎出羽守」とのつながりを指摘する資料は、金沢市立図書館にある。加越能文庫の『三宅平三家由緒帳』明治3年(1870)に書かれていた、同由緒帳によると三宅氏の初代は見的正徳という人物で、出羽守の子だと記載されている。さらに由緒帳の内容から『吉藤専光寺史』を調べてみると、同寺11世康授の妻が「出羽守娘」とあり、三宅家由緒帳の有力な傍証になっている。

同寺史によると加賀藩2代藩主前田利常(1594~1658)が家臣を専光寺に遣わし、出羽守没後の子供たちの行方を尋ねさせた。これをきっかけに康授の妻が兄弟姉妹にあたる正徳を知り、明暦2年(1656)、岡山から金沢に呼び寄せたとある。「見的正徳」は三宅家の菩提寺だった臨済宗高巌寺の過去帳に寛文9年(1669)8月3日死去とあり、実在の人物である。正徳は利常死去によって、お目にかかる機会を失い没したが、2代目正及は藩の老臣前田美作守に知行200石で家中奉公。藩の直臣では無かったが、3代目正和の時、通例を破り、藩士並みの待遇を受ける新番組に召し出された。三宅家はその後も続き、8代目で明治を迎えた。8代目平三は明治11年(1878)死亡。幕藩体制の崩壊と共に、平三の子、冬吉郎は消息不明となった。(歴史読本　新人物往来社より)。

六 幸村の伝承

80 ゆかりの地で高まる、英雄真田幸村信仰

江戸時代に一般大衆が憧れた英雄真田幸村。そのスピリットやファイトは、真田氏の居城としていた幸村と父の昌幸が徳川の大軍を二度の戦いで破った剛城上田城を、上田の人々は心の支えとして、封建制厳しい江戸時代を生きてこられ、しっかりと浸透しているようだ。幕末までに信濃の国で起った百姓一揆は211件あった。その内、上田で起ったものは26件でその度合は信濃の国の中で最も多かった。このことは上田の人々が体制に反発する精神が非常に強かったことの表れであり、ここに権力に敢然《かんぜん》と対決する幸村の姿が現出している。また松代《まつしろ》に去らねばならなかった真田家を領民は慕い、権力者幕府が一方的に定めた新しい領主に従いたく無いと領民は反発したのであろう。昌幸が上田城を築いた時、その屋敷があったところに現在は長野県立上田高等学校が建っている。その校歌や応援歌の歌詞には、英雄幸村が歌いこまれている。その正門には寛政元年（1789）に焼失し、翌年に再建された正門や壕と堀が上田市の文化財として指定され残っている。

幸村の志を伝えるものはそれだけでは無い。父昌幸や幸村ゆかりの地、各地で毎年「幸村イベント」が開かれ、上田市で開かれている真田祭りでは真田のシンボルの六連銭旗を持つ武者行列が町を勇壮に練り歩く。

　幸村の配所の和歌山県九度山町でも、毎年昌幸と幸村の偉業を讃えてお祭りが開かれ、関西の幸村ファンが押し寄せている。昌幸や幸村と竹林院《ちくりんいん》や子供たちが暮らしていた屋敷跡、善名称院《ぜんみょうしょういん》（真田庵）では法要が行われている。江戸時代、庶民の英雄真田十勇士に変身した少年たちが町の中を走る。

　大阪では幸村が家康をもう一歩まで追い詰め、歴史にその戦いを名高く残し、「全力を出し切り」「身を投げ出して」死を迎えた天王寺の安居《やすい》神社でも鎮魂式が毎年行われている。

　その他でも長野市の真田町、松代町でも「真田まつり」には大勢の真田ファンの歴女《れきじょ》の大軍勢が押し寄せている。さらに真田氏と縁のある13の市町村ではもち廻りで「真田サミット」を開催している。長野、秋田、宮城、群馬、大阪、和歌山と北から南にある都市はそれを「町作り」「人作り」に活かし地域活性化に進んでいる。

81 この真田のゆかりの地にも、こんな話の瓦版

茂左衛門《しげざえもん》起つ。群馬県沼田市月夜野町での話。

さあ大変だよ‼事件だよ。あの真田家が改易《かいえき》だってんだから、こりゃ驚いたね。いやね。信州松代じゃなくて上州沼田のお殿様だ。なんでも両国橋の架け替え用材木の納入が遅れたことだな。それから、どうも百姓衆の訴えもあったともいうのよ。えー。詳しいことを知りてえか。そりゃこの瓦版を買ってちょうだい、さあ買った買った。瓦版だよ！〝沼田藩真田家改易〟

百姓を直訴越訴《じきそえっそ》に走らせた過酷な藩政とは?天和元年（1681）11月22日、評定所において上野国沼田藩3万石の藩主真田信利（1635〜1688）は、改易を宣告された。そして奥平昌章にお預けとなり、出羽国山形へと流された。この時幕府のあげた改易理由は、請け負った両国橋用材の遅延、さらに領民を苦しめた過酷な藩政などであった。これで真田家の本拠地沼田領は完全に奪い取られた。

この改易事件の背景には何があったのだろうか。常々この改易事件は交錯して語られてきたが、実は「磔《はりつけ》茂左衛門」の義挙である。史実と伝承がおり混ざった複雑な出来事である。昌幸や幸村と戦った農民兵の血か……また徳川家康に最後までたてついた真田へのイジメであったのだろうか？

82 ドンドン焼けにも負けずに残った地蔵、ドンドン焼けにも勝った幸村地蔵

「真田幸村の信仰が京都にある」

幸村は戦国期の大名には珍しく、京都にその事跡が無い。人質として大坂城にいた頃に、京に来ているに違いないが、彼は戦国期の数多き豪雄や武将と比べると、その頃は知名度が低かったのだ。京都市内の中央部、中京区姉小路通釜座東入ルのマンションと一軒家に挟まれた狭い敷地に「高松神明神社」という小さな古い社がある。ここは〝保元の乱〟の時、後白河天皇方の本拠地となり源頼朝や平清盛が参集して、ここから崇徳《すとく》上皇の白河北殿へ攻め込み勝利したところである。ここに神明地蔵尊という「幸村の知恵の石地蔵尊」が信仰を集めている。寛政6年（1794）高松神明宮宝性院の社僧が紀伊国、伽羅陀山真言宗善名称院（真田庵）に安置してあった幸村の「念持仏」を拝領して持ち帰った。そしてこの社に祀った。明治時代の神仏分離令により宝性院は廃寺となり、高松神明神社だけが残った。

この地蔵堂の台石をさすり子供の頭をなでると、知恵を授かると信仰されている。この地蔵さんは「禁門の変の大火」にも、地蔵さんだけが焼けず「幸村の力」だと云われて信仰を集めている。

七 幸村の子供たち

83 幸村の血が脈々と生き続けた

〃幸村の血は仙台で生き続けた。「戊辰戦争」の時、六連銭を掲げて戦った人がいた。〃

幸村が〃大坂夏の陣〃で敗死したのち、幸村の血が繋がる妻や子はどうなったのだろうか?・長男の大助（幸昌）は「道明寺の戦い」のあと、豊臣秀頼出陣の依頼の為、大坂城に父「幸村」と別れて戻った。もし秀頼が出陣して、全軍を鼓舞したならば戦況も変化したと思われるが、淀殿の反対で実現出来ず、幸村は大突撃の末、もう少しで家康を討ち取るところ迄追いつめたが果たせず討死した。その為、大助は秀頼の死に殉じて、その小姓たちと共に自決した。

正室の竹林院と四女の「あぐり」は紀伊国伊都郡に隠れていたが、豊臣残党狩りは非常に厳しく展開された為、紀州藩の浅野家の家臣に捕えられ、後は幸村の義弟・滝川一積《かずあつ》（徳川家臣）（1583～1660）の世話で生きのびた。

次男の大八と六女の阿菖蒲《あしょうぶ》、七女のおかね（於金）は、京都に逃れ隠れていたところを白石城主・

大珠院（龍安寺境内）

伊達家の片倉重長（１５８５～１６５９）に保護された。大坂落城寸前に、三女の阿梅《あうめ》を保護していた重長は、幸村の他の子供たちも、引き取ろうとしていて、京都の子供たちも、彼の保護下に入ったのだった。阿梅は、重長の後室となり、片倉家の行く末を見守った。

六女の阿菖蒲は伊達家の片倉定広に嫁いだ。七女のおかね（於金）は、茶人「宗林」に嫁いだ。宗林は、元は石川貞清《さだきよ》（?～１６２６）といい、関ヶ原の戦いで西軍に与《くみ》し、犬山城に稲葉貞通・典通《のりみち》父子らと籠城。城陥落し敗走、戦後、所領没収される。池田輝政により助命され、剃髪し宗林（雲岳宗林）と号した。のち、大珠院に、真田信繁（幸村）夫妻の五輪塔を建立した。

第十子で次男の大八は、家康への手前、表向きは死亡とされ、実際本当は片倉守信（１６１２

〜1670）と名乗って、仙台藩伊達家の仕え生き抜いたと云われる。『仙台真田系譜』によれば、大八は重長の保護のみでなく、重長の所領一万三千石から一千石で分領され、その上、二代目の仙台藩主伊達忠宗の時「真田四郎兵衛守信」と名乗り、生粋《きっすい》の仙台藩士となった。しかし、幕府の詮索により再び片倉姓に改めたという。宮城県白石市本町62の当信寺本堂裏、守信の墓碑と姉阿梅の墓標が並ぶ。

幕末には幸村直系（始祖片倉守信）の子孫真田喜平太（1824〜1888）が「勤王派の志士」として活躍した。彼は開明的仙台藩参政で郡県制を主張した。この開眼力は幸村の血が流れている証であった。仙台の真田家は幕府に憚《はばか》って家紋は六文銭（六連銭）ではなかったが、慶応4年（1868）戊辰の役「白河口の攻防戦」出兵の際、喜平太は「六連銭」の隊旗を掲げ、洋式軍装の一隊を率いて戦った。また彼は仙台真田家の系譜を執筆し、子孫に遺した。これで幸村の血が、仙台に残っていたことが世間に明らかになった。

幸村正室、妻の竹林院は、釈放されたあと、おかね夫婦と京都で暮らし、慶安2年（1649）迄生き続けられ、幸村の血が仙台に流れて行ったのを見届けて世を去られた。墓所は臨済宗妙心寺塔頭、大珠院（龍安寺境内）。

84 幸村の長女・菊（阿菊）（?～1642）

母は、家臣堀田作兵衛の娘。信濃上田で生まれる。「すえ」とも名乗った。菊はその後、伯父である堀田作兵衛興重の養女になるが、その作兵衛が大坂の陣に出陣した際、妻と菊を佐久郡長窪村の郷士「石合十蔵重定」に預けた。作兵衛は大坂の陣で戦死、その後、菊は石合十蔵の妻となる。慶長20年（1615）夫十蔵は大坂の陣で大坂城に籠もっている義父信繁（幸村）に手紙を送ったものと思われ、その返信と思われる手紙（2月10日日付）が残っている。「此世《このよ》にて面談は有之間敷《これあるまじく》候、何事もすへこと心に不叶《かなわざり》き候共、御見捨無之《おみすてこれなき》やうに頼入《たのみいり》候」。決死の覚悟で徳川方との対立に臨んでいること、娘に対する気遣いの言葉が書かれている。

大坂の陣が始まる前に、夫十蔵は、義父堀田作兵衛から作兵衛の子である源内（乳幼児）を預かる。寛永17年（1640）2月、十蔵が反乱者である堀田氏の子を匿っているという通報があり、十蔵は江戸で厳しく取り調べられた。匿った時期が戦前か戦後か罪になるか否かの判断基準だったが、預かった時期が戦前だったことが証明されたため、夫十蔵釈放された。菊は、寛永19年（1642）死去。墓は西蓮寺（長野県小県郡長和町古町）。

85 幸村の次女・市（於市）（?～?）

母は家臣高梨内記の娘采女で、上田に生まれる。祖父である高梨内記は、真田親子に従い九度山に入り、大坂夏に陣・茶臼山で戦死。同じく「市」も九度山に配流の時、親・祖父と共に九度山に入る。その後この地にて病で早逝《そうせい》する。

86 幸村の三女・梅（於梅）（後の泰陽院）（1604～1681）

母は高梨内記の娘といい、慶長5年、九度山に生まれる。父幸村と共に、九度山から大坂入城となった。大坂夏の陣で落城の際、伊達政宗の重臣片倉小十郎重綱（のち重長）（1585～1659）に託され、後に重長の後妻となる。重長は、伊達政宗の腹心で白石1万7千石の城主であった「鬼小十郎」と異名をとった片倉景綱（1557～1615）の嫡男。慶長19年（1614）からの大坂の陣では病床に臥していたため、政宗に従うことができず、嫡子の重綱を参陣させた

「城中より16・7歳ぐらいの容顔美麗なる女性が白綾の鉢巻に白柄の長刀を杖にし……」とその時の様子が伝えられる。これは、幸村が重綱の武勇と英明に感じて、わざと重綱の前に梅を出して

後事を託した、また、武名高き幸村に連なる娘を求めていた重綱が、落城の際獲得したのだともいう。しかし一説には、滝川三九郎一積（昌幸の娘婿）に預けられ、後に片倉家に遣わされたとも、真田氏の旧臣が慕いて片倉家を訪れ、真田信繁（幸村）の娘であったことを初めて知ったともいう。

小十郎重綱は「名将の娘を娶る事は名誉な話」と幕府の目も憚らず「梅」を継室とした。小十郎の器量が感じられる話である。この時、梅17歳。この縁故で、幸村の旧臣たちの中から片倉家の家臣となった者が多く出た。吾妻佐渡一族・三井奉膳等という。また後には、片倉家一門の人、片倉沖之進が家紋を六文銭にかえたという話も残る。

また、こんな逸話もある。大坂の陣のおり、主君を失った真田昌幸・信繁父子の家臣を保護しており、大坂夏の陣の決戦前夜、慶長20年（1615）5月6日夜、真田信繁（幸村）の子を何名か保護し、その中の一人が「梅」という。また、保護された幸村の次男（のちの守信）は片倉家の居城白石城で養育され、信繁の子の中で唯一真田姓を継いだ男児となった。

重綱（重長）の後室となった梅は、三代目小十郎景長（重綱の外孫）（1630～1681）の養母として片倉家を盛り立て、天和元年（1681）に78歳で白石城（宮城県白石市益岡町）にて死去。法号・泰陽院殿松源寿清大姉。当信寺（宮城県白石市字本町62）には弟「大八」と共に、その墓がある。

■当信寺案内板によれば「元和元年（1615）大坂夏の陣の時、大坂方の名将・真田幸村は、落城と自分の最期を覚悟し、智勇兼備を見込んだ敵将片倉重長に阿梅と穴山小助の娘の教育を託した。重長は幸村の遺児、阿梅、阿菖蒲、おかね、大八たちを白石城二の丸で密かに教養し、阿梅は重長の後妻に、阿菖蒲は田村定広の妻に、おかねは早世、大八は片倉四郎兵衛守信と名のり伊達家に召抱えられた。阿梅と大八守信の墓はこの当信寺に、阿菖蒲の墓は蔵本勝坂の田村家墓地にある。片倉重長は、真田幸村夫妻の菩提を弔うため大平森合に月心院（現在は廃寺）を建立した。」とある。おかねは、石川宗雲（林）の室となったので、早世したのは、名前不詳の娘と思われる。

87　幸村の四女・あぐり（?～?）

母は「竹林院」といい、九度山に生まれる。大坂の陣の時、幼少であったあぐりは滝川三九郎一積《かずあつ》（昌幸五女於菊の婿で滝川一益の孫・この時は徳川家の使番）に預けられ、大坂の陣後に彼の養女となった。一積の妻は、幸村の妹であった。これは、家康の謀臣、本多正純も認めていたらしい。三九郎はその後、三春城城主・蒲生《がもう》郷成《さとなり》の息子・蒲生源左衛門郷喜《よしさと》にあぐりを嫁がせた。郷成は、会津の蒲生忠郷の腹心であった。寛永9年（1632）になって、この婚姻が敵の娘を勝手に嫁がせたという理由で、蒲生忠知家の内紛の一因となり、滝川一積は、幕府使番の職を解かれ改易の処分を受けるという結果になるが、三九郎一積は幕府の度量の狭さを笑ったという。

88 幸村の五女・なお（御田姫）（1604〜1635）

母は三好中納言秀次の女（隆清院《りゅうせいいん》）で、なお（御田姫）は、慶長9年に九度山で生まれる。その年は信繁（幸村）が高野山に幽閉されてから5年が経っていた。隆清院の母は「一の台」と言って、豊臣秀次の継室、右大臣・菊亭大納言晴季《はるすえ》の女。

慶長19年（1614）10月10日、真田信繁（幸村）は長男大助らを引き連れ大坂城に入城し、お田も母隆清院と共に信繁に随行し大坂城に入った。

11月に大坂冬の陣が起こり、その後和睦により収束した後も、しばらくの間は大坂城で過ごしたが、翌年の慶長20年3月に母子は、大坂城を出て京都嵯峨野にある瑞龍院を訪ねた。瑞龍院には、出家して「日秀」と言う名になっていた秀次の母親・豊臣秀吉の姉〝とも〟が居た。〝とも〟は、お田にとっては曾祖母にあたる。この時、母隆清院は、2人目の子供である信繁（幸村）三男・幸信を身籠もっていた。

5月7日、信繁（幸村）は討ち死。大坂夏の陣が終わり、徳川方によって残党の捜索が行われ、嵯峨野の瑞龍院に居た2人は身の危険を感じ、お田は町人の格好をして居場所を転々とし、母隆清院は姉を頼って梅小路氏に身を隠した。追跡の手が厳しくなったため、新たに米屋次郎兵衛という町屋に潜んで、そこで7月14日に幸信を産んで育てていた。お田は捕らえられて、身柄を江戸へ送られたが、その処分は人質として大奥勤めをするというもので、比較的軽い処分になった。これは伯父である真田信之が幕府に掛け合ったためであると思われる。大奥に入ってから3年が過ぎた頃、お田は大奥を出ることを許され、京都で母隆清院と再会を果たした。その後、お田は大奥勤めの経験を買われて、四条のある屋敷に給仕人として入る。

出羽久保田藩（秋田藩）初代藩主・佐竹義宣《よしのぶ》（１５７０～１６３３）は、寛永3年（１６２６）6月20日の大御所徳川秀忠、または同年8月2日の将軍徳川家光の上洛に随行したが、弟である多《た》賀谷宣家《がやのぶいえ》（のちの岩城宣隆《いわきのぶたか》）（１５８４～１６７２）も行動を共にし、3ヶ月近く京都に滞在した。

ある朝、佐竹兄弟が滞在していた屋敷で、義宣が目を覚ますと勇ましい掛け声が聞こえてきた。義宣が掛け声がしている方に行ってみると、屋敷の裏庭で大勢の下女達が長刀の稽古をしていた。そこでは、鎧兜《よろいかぶと》に身を固めた一人の女性が指南をしていた。よく見ると、その女性は毎日義宣たちの身の回りの世話をしている給仕人だったが、その姿に義宣は由緒ある家の出身ではないかと思い、その女性に尋ねると、真田信繁（幸村）の忘れ形見であることが分かり、名はお田と言った。

佐竹義宣《よしのぶ》は共に将軍家に随行していた弟多賀谷宣家が妻と不仲であることを日頃から心配していたこともあり、宣家を元気づけるためにお田を宣家に紹介した。話は急展開し、お田は宣家の側室として、桧山の多賀谷氏に嫁ぐことになる。お田は寛永4年（1627）に多賀谷氏が治める桧山

佐竹義宣

を訪れ、宣家（佐竹義重の四男）の側室になり、御田《おんだ》姫と呼ばれる。（お田（顕性院）24歳、宣家44歳）。翌寛永5年1月15日、岩城宣隆《のりたか》（多賀谷宣家）との間に長男の庄次郎（重隆）を生む。

岩城氏は秋田城主20万5千石の佐竹氏の支流で、宜隆の祖父貞隆の時代に出羽由利郡で12万5千石を領していたが、慶長5年（1600）に徳川家康が上杉景勝を攻めようとしたとき、出兵しなかったため所領を没収されたが、元和2年（1616）8月、信州川中島で1万石で復活した。この川中島領は北信濃の岳北地方の木島平であるが、元和9年（1623）子の吉隆の時代に1万石を加増され、出羽国由利郡亀田に転封された。

お田の嫁いだ佐竹氏は秋田城主20万5千石の家柄で、義兄の義宣は佐竹氏宗家として久保田藩（の ちの秋田藩）を治めていた。義宣には子がいなかったため弟・貞隆の息子、つまり甥っ子である吉隆を後継者にした。しかし、既に吉隆は佐竹氏の支流・岩城吉隆として亀田藩を治める藩主である。空席となる亀田藩主は同じ佐竹氏で固めねばならない。寛永5年8月、佐竹宣家と御田姫の息子・庄次郎（重隆）が亀田藩の藩主に任じられ、家族は亀田藩に移り住んだ。さてこの時、庄次郎（重隆）が乳児であるにも関わらず、吉隆から宣家への継承はなされなかった。下（甥）から上（叔父）への継承が歓迎されなかったのだ。史書においては、宣家は藩主ではなく番代(代つなぎ)であり、『秋田武鑑』でも息子の重隆が岩城氏の相続者となっている。形はともかく、宣家は岩城藩を取り仕切る事になり、実質的な藩主の仕事をする事になった。

多賀谷宣家は岩城氏のしきたりに従って、名前に偏諱《へんき》として「隆」の字を入れて岩城宣隆に改名した。この時、お田は正室になり、久保田（秋田）城下にある亀田藩邸に行っている。お田は大名の妻でありながら育児を給仕人だけに任せず自らも行い、庄次郎の礼儀作法・読み書き・武術などの教育も自ら熱心に指導し名君に育てあげたという。寛永10年（1633）重隆（庄次郎）が6歳の時、初めて将軍に拝謁した時には、江戸まで随行した。そして、夫宣隆の許しを得て、京都から弟である左馬之助幸信を呼び寄せた。左馬之助は真田幸信として岩城氏の家臣になった。

寛永6年（1629）10月、お田は真田氏の菩提を弔うために、越後の妙勝寺から円乗院日砌上人を招いて久保田（秋田）に妙慶寺を建立した。妙慶寺はその後亀田に移され、岩城氏の準菩提寺として10石を与えられた。お田は妙慶寺に鬼子母神の像を奉納し、自らお百度参りをしたという。

一説によると、寛永10年（1633）母隆清院が死去。京都の菊亭大納言晴季邸で盛大な「報恩供養法会」が営まれた。お田の方は、特使を派遣して隆清院を弔ったという。

重隆の参勤交代に毎回随行していたのかは不明だが、寛永12年（1635）6月11日、重隆が参勤交代で江戸にいる最中に江戸柳原にある亀田藩邸でお田が病気で亡くなる。享年32。江戸・下谷《したや》の宗延寺で葬儀が行われた。法号は顕性院殿妙光日信大姉。妙慶寺には顕性院の甲冑、薙刀、大小刀、短刀、衣桁、衣類、御膳部、調度品、等々が奉納されているという。

お田の長女（名前不詳）は、物心が付いた頃に母であるお田を亡くし、その悲しみに耐えきれず心の病にかかってしまい、出家して妙慶寺で母の菩提を弔う生活を送った。正保3年（1646）お田の長女が妙慶寺で亡くなる。墓は妙慶寺にあり、法号は寂寥院殿心月日證大姉。岩城家後家譜には「真田伊豆守信幸公御姪、御同氏左エ佐幸村公女」と記されている。

明暦2年（1656）7月25日、宣隆が番代を退いて、その子である重隆が本格的に亀田藩藩主になった。（宣隆73歳、重隆29歳）。妙慶寺にはお田の方、隆清院、幸信の位牌と大小刀がある。

89 幸村の六女・菖蒲（阿菖蒲）（1605?〜1664?）

母は「竹林院」で、九度山に生まれる。大坂落城の際は、母と共に紀州伊都郡に潜んでいたと思われる。一旦は捕らえられるも釈放になると、姉である梅を引き取った片倉重長を頼った。同じ頃、弟である大八や〃かね〃も片倉氏を頼っている。片倉氏の元に真田信繁（幸村）の子供のうち4人が集まった。菖蒲は、初め青木次郎飢右衛門に嫁いだが、後に片倉重綱と梅の養女として伊達正宗の正室の実家の家系、田村氏の一族、片倉金兵衛定廣（田村定広）と再婚した。

田村氏は田村定顕《さだあき》を初代とする一族。定広は登米郡石森村（宮城県登米市中田町）に300石を与えられた平士だったが、定広は片倉重長の異父姉である喜多の養子になったことで、片倉氏と同列扱いとなる。そして、伊達政宗正室の命令で定広は片倉の姓を名乗ることになった。

寛文4年（1664）菖蒲、死去。墓は田村家墓所（宮城県白石市）にある。田村氏の墓所内には、真田信繁（幸村）の供養墓がある。

90 幸村の七女・かね（おかね、於金殿）（?～?）

母は「竹林院」で、九度山に生まれる。大坂落城の際は、母と共に紀州伊都郡に潜んでいたと思われる。後に、茶人「宗休」（もとは石川備前守貞清という武士が関ケ原で浪人）に嫁いで、京都に母・竹林院と3人で暮らした。宗休は京都大珠院に幸村夫妻の墓を建てている。

■石川貞清は美濃国鏡島生まれ。豊臣秀吉に使番、金切裂指物使番として仕え、小田原征伐で功を挙げ、天正18年（1590）尾張犬山1万2千石を領したといい、また、豊臣家の信濃木曽

井伊直政

の太閤蔵入地10万石の代官としても活躍。天正19年（1591）文禄の役の拠点となる肥前国名護屋城の普請工事を担った。慶長5年（1600）関ヶ原の戦いにおいて西軍につき、居城の犬山城に稲葉貞通・典通《のりみち》父子、稲葉方通《まさみち》、加藤貞泰、関一政、竹中重門らと籠城した。しかし彼らは極秘に東軍の井伊直政に密書を送り、内応を約定して引き上げて行ったので、城を出て本戦に参加、宇喜多隊の右翼、口北野付近に陣した。敗戦後、所領を没収されたが、犬山籠城中に東軍に加担した木曽郷士らの人質を解放したことが評価されたのと、池田輝政の働きかけにより黄金千枚で助命され、剃髪して「宗林」と号し、京で隠棲し、茶人・商人（金融業）として余生を過ごした。また、慶長18年（1613）幕府に500石を給されて召抱えられたと『徳川除封録』にある。

寛永3年（1626）4月8日に死去。子孫は商人となった。

91 幸村の長男・真田幸昌（大助）（1601?～1615）

母は「竹林院」で、慶長6年7月24日、九度山に生まれるとされる。祖父・真田昌幸の名を逆にして「幸昌」と命名された。慶長19年（1614）10月、父真田信繁（幸村）と共に大坂城に入城。大坂冬・夏の陣を通じて豊臣方として戦う。大坂夏の陣で道明寺の戦いに出陣して、敵の武将を多数討ち取るという大功を挙げたが、手傷を負い、主君の豊臣秀頼が和議を検討しているという噂があるからそれを阻止するようにと父信繁に言い含められて、秀頼を見届けるように命じられた。この時、幸昌は父と共に最後まで付き従うつもりだったが、父の命令には逆らえず、やむなく大坂城に引き返したという。大坂城落城時、まだ若年であり、また豊臣に特別な恩顧もないことから、豊臣家臣・速水守久らから脱出を勧められたが拒絶して、秀頼の切腹に殉ずることにした。死の経緯については諸説あるが、幸昌は「我は真田左衛門佐信繁の倅なり」と叫んで介錯を加藤弥平太にして切腹したとも、加藤と刺し違えたともいう。また別説の『老将座談』では、幸昌の年齢を鑑みて、秀頼の命で加藤弥平太と武田左右吉が介錯をするように定められたともする。いずれにしても、幸昌の殉死は美談として有名である。慶長20年5月8日、豊臣秀頼、淀殿らと共に大坂城にて自害。享年15?。

92 幸村の次男・真田大八（片倉守信）（1612〜1670）

母は「竹林院」で、慶長17年、九度山に生まれる。幼少期は京で暮らした。某年5月5日、印字打ち（石合戦）で大八は亡くなったことになっていた。実は生きていた。

大坂夏の陣の戦場で、真田信繁（幸村）は、伊達政宗の重臣である片倉重長に子供を預けたと言う系図（仙台真田系図）があり、そこには保護された信繁（幸村）の子供として大八（守信）・梅・おかね・菖蒲・女子（名前不詳）の名前が記されている。伊達政宗から信繁（幸村）の子供達を引き取って良いと許可をもらった、片倉重長は、信繁（幸村）の子1男4女を保護した。

豊臣方の男子は処刑の対象だった。信繁（幸村）の男子が生きていることが幕府に知れれば、処刑の対象になると言う危惧から、このような偽装工作をしたのだ。

白石藩の片倉氏の許で育てられた大八は、片倉久米之介守信を名乗り始め、重長所領1万3千石のうち1千石（360石説有り）を与えられた。寛永13年（1636）5月24日、伊達政宗が没する（享年70）。政宗存命中に守信が伊達藩士になることはなかった。伊達忠宗が2代伊達藩主になった後、寛永17年（1640）守信は、真田四郎兵衛守信を名乗り、知行300石・召出《めしいだし》二番座で初めて伊達藩士として召し出された。この時守信は、仙台城下の五ッ橋通りに間口40間・奥行き30

間の屋敷を与えられた。

真田氏の伊達藩士採用をうけ、江戸幕府はその素性に神経を尖らせた。折りしも豊臣氏家臣の牢人が参加した「島原の乱」が終息した頃で、〃結集した牢人衆は侮れない〃というのが幕府の印象だったのだ。特に真田氏の生き残りともなれば、幕府にとって大きい不安要素である。寛永17年（1640）3月、豊臣残党生き残りの一斉捜索が行われ、明石全登《たけのり》の子である明石内記らが身柄を確保された。寛永15年のことともいう。

幕府の調査に対して、「真田信繁（幸村）の次男である大八は7歳の時、印字打ち（石合戦）で石が当たり、亡くなった。」とし、守信の素性に関しては真田信尹の子に「真田政信」という架空の人物を登場させ、その子とした。この時、守信は真田姓から再び片倉姓に戻し、片倉沖之丞を名乗った。守信の肖像画は「結び雁金」紋の羽織姿で描かれているように、六文銭の家紋の使用を控えた。

寛文10年（1670）6月晦日、片倉守信は死去。享年59。当信寺に葬られ、墓には幕府に遠慮して六文銭ではなく一文銭が刻まれている。守信長男・真田辰信（片倉辰信）の時に真田姓に戻したが、幕府に遠慮して本当の家系図は明治維新後まで秘密にされた。

幕末には真田喜平太（真田幸歓《ゆきしげ》）が洋式兵学者として活躍した。喜平太は幕末から明治維新にかけて仙台藩の軍事政策に深く関与し、維新後は石巻で余生を過ごした。

93 幸村の三男・幸信(1615~1667)

母は三好中納言秀次の娘「隆清院」で、元和元年7月に京都で生まれた。幸村は同年5月に戦死している。事前に大坂城から脱出していた母と実姉である御田姫(お田の方)は、京で逃亡生活をしていた。母隆清院は梅小路氏と結婚した姉の下で匿われていたが、追跡の手が厳しくなったため、新たに米屋次郎兵衛という町屋に潜んで、そこで幸信を産んで育てた。幼名を三好左次郎といった。姉であるお田が、岩城氏と結婚したことで、幸信は祖父秀次の旧姓である三好を名乗り、三好左馬之助幸信とし、亀田藩士として360石を給せられた。寛文7年死去。享年53。

妙慶寺(秋田県由利本荘市)に葬られた。妙慶寺には幸信の墓のほか、位牌や大小刀が残っている。

94 細川忠興「古今《ここん》これなき大手柄《おおてがら》」細川家記

細川忠興

戦国大名の細川忠興《ただおき》は、細川家の歴史書『細《ほそ》川家記《かわけき》』の中で、大坂の陣で戦死した幸村を「古今これなき大手柄」と賞賛している。幸村は茶《ちゃ》臼山《うすやま》から徳川家康本陣へと決死の突撃を敢行して攻め入った。その勢いは凄まじく、一時は家康に自害を決意させるほどだったという。忠興はその戦いぶりを高く評価し、幸村が西尾久《きゅう》作《さく》という無名の鉄砲頭に討ち取られたことについても「さりながら、手負て候ひて、草臥《くさふ》れ伏《ふ》して居られ候を取り候に付、手柄にならず候」と断じ、幸村の名誉を守っている。さらに徳川軍の様子についても「この方、歴々の人数持《にんずうもち》、逃げざるは稀に候（わが軍の武将で逃げなかった者は稀だった）」と表現し、幸村の突撃の激烈さを記録した。忠興は徳川方であったにもかかわらず、その戦いぶりを称えていることから、幸村の活躍がいかに際立っていたかが、窺《うかが》えるのである。

豊前国小倉藩（福岡県北九州市小倉北区）初代40万石・細川忠興（１５６３～１６４６）は、5月5日、急遽上洛して徳川方として参戦する。８日には大坂城落城、豊臣家滅亡。

95 神沢貞幹《かんざわていかん》「性質屈僻ならず、常に人に交わるに笑語多く和せり」翁草

貞幹（杜口《とこう》）は、江戸中期の京都町奉行与力で、退職後に「翁草《おきなぐさ》」というエッセー風の百科全書を執筆。歴史、風俗と広く、この中に上記の幸村評を書き残した。「翁草」は様々な書物をもとにまとめられたもので、その記述の詳しさから明治の文豪〝森鴎外〟が「高瀬舟」など多くの名作の〝タネ本〟として利用した。杜口の追い続けた未確認飛行物体、ＵＦＯの記録もある。貞幹は幸村と違う時代に生きた人物であるため、幸村に実際会ったわけではないが、真田家の歴史についてもよく調べており、この評価は信頼できるものであろう。「性格にひねくれたところがなく、人

に接する時は笑い場を和ませた」こんな人だったのだ。

■神沢杜口（1710～1795）は、宝永7年、京都入江家に生まれる。享保4年（1719）兄卜志の下で、爪木晩山《つまきばんざん》主催の誹諧会を傍聴していたところ、晩山に句を促され、以降琴思や晩山に添削を受けた。享保5年（1720）京都町奉行与力・神沢弥十郎貞宜の養子となる。後に貞宜の娘と結婚し与力を継いだ。元文年間（1736～1740）には内裏造営の時向井伊賀守組与力として本殿係を務めた。後に目付に昇進。現役時代より文筆を好み、北野天満宮松梅院から『岷江入楚《みんごうにっそ》』の写本を借り、約6年間をかけて書き写した。40歳過ぎで病弱を理由に辞職し、婿養子に継がせ、自身は文筆活動に専念した。宝暦3年（1753）2月12日、妻を失ってからも、娘一家に迷惑をかけまいとして同居せず、京都各地の借家を転々とした。天明8年（1788）1月の「天明の大火」の時、住所は烏丸通六角にあったが岡崎まで避難した。男手は火役で出払っていて家には女子供しか残っておらず、100巻まで完成していた『翁草』草稿や先祖伝来の家宝をなすすべもなく眼前で焼失した。後に実地調査を行い、詳細な被災地図を完成させた。しばらく大坂の知人を頼り、12月京に戻った。寛政7年2月11日、死去。前々から辞世を残さないことを決め、「辞世とは即ちまよひたゞ死なん」の句を用意していた。墓所は出水通七本松東入ル七番町　慈眼寺。

96 島津忠恒（家久）「真田は日本一の兵《つわもの》」島津家当主は故郷への手紙にこう記した

『薩藩舊記《さっぱんきゅうき》』後集三十二より。「五月七日ニ御所様之御陣へ、真田左衛門仕かゝり候て、御陣衆追ちらし討捕申候、御陣衆三里ほどつゝにけ候衆ハ、皆々いきのこられ候、三度めニさなたもうち死ニて候、真田日本一之兵、いにしへよりの物語ニも無之由、惣別これのミ申事ニ候、……」。

真田幸村というとどうしても、苛烈の勇猛神といった猛将、諸葛亮孔明《しょかつりょうこうめい》のような軍師・策士、「鬼のようなる真田」（当時の俗謡）といったイメージがある。島津家当主・島津忠恒《ただつね》（家久）（1576～1638）は、慶長20年（1615）6月11日、故郷への手紙にこう記した。「真田は日本一の兵《つわもの》。その奇策は数知

島津忠恒

れず。そもそも信州以来、徳川に敵する事数回、一度も不覚をとっていない。真田を英雄と言わずに誰をそう呼ぶのか。女も童もその名を聞きて、その美を知る。彼はそこに現れここに隠れ、火を転じて戦った。前にいるかと思えば後ろにいる。真田は茶臼山に赤き旗を立て、鎧も赤一色にて、つつじの咲きたるが如し。合戦場において討死したが、古今これなき大手柄」。

薩摩藩初代86万4千石（第18代当主）の島津家久（忠恒）は、援助の手紙を送付した大坂城の豊臣秀頼に、慶長19年（1614）10月13日、断りの手紙を認《したた》めている。

幸村は実際には温厚で大人しい人物だったようだ。幸村の残っている手紙を見ても武将として肩ひじを張ったような文章は全くなく、配所で老いて行くわびしさ、「昨年から俄《にわか》に年が寄り、ことの他病気になりました。歯なども抜けました。髭《ひげ》なども黒いものはありません。」、肉親に対する愛情、大坂城内での気苦労「豊臣方について本家に迷惑をかけ申し訳ありませぬ。豊臣の味方をして奇怪とお思いでしょうが、まずは戦いも済み、自分も死なずにいます。ただし明日はどうなるか分かりませんが……。とにかく今は無事です。」などが率直に書かれている。

こういった温厚な人物が、家康を「自害する」と言うまでに追い詰めたのは不思議な気もするが、兄信之の「怒り腹立つことなかりし」という言葉を見ると自分の感情をセーブする精神の強さも感じられる。

97 徳川光圀《みつくに》「士たるものはふだんから真田のように心を尽くしたいものである」

徳川光圀

水戸黄門として有名な水戸藩主徳川光圀（1628〜1701）は「真田左衛門信繁（幸村）は東照宮（家康）へ御敵対したはじめから、村正の大小を常に身を離さずに差した。そのわけは、村正の刀は徳川家へ祟《たた》るという説を聞き、当家調伏の心でそうしたものである。士たるものは、ふだんから真田の様に心を尽くしたいものである」と語ったと言い、武士の鑑《かがみ》として賞賛していた。

「村正」は伊勢桑名《いせくわな》（三重県桑名市）の刀工。村正の銘の入った刀は、徳川家にとって不吉なものであった。家康の祖父・松平清康《きよやす》が家臣に殺された時の刀が村正であり、また家康の父・広忠《ひろただ》が斬られた時の刀もそうで、また家康の嫡子・信康が信長により切腹を申し付けられた時、介錯に使われた刀も村正であった。

そしてこの災いは家康にも及ぶ。関ヶ原の戦いの後、織田長孝《ながたか》（織田長益（有楽斎）の長男で、信長の甥）の槍を検分していたところ誤って指を傷つけた。家康は顔色を変えて「これは村正ではないか」と尋ねたところ、長孝は「いかにも、村正でございます」と答えると、家康は「村正はわしの家に祟《たた》る」と言ったという。

しかし、実際に幸村が村正を所持していたかは不明。大坂入城時に山伏に変装した幸村が所持していた刀は「正宗」と「貞宗」であったし、幸村討死後に捕らえられた妻が所持していた刀は「来国俊」だったという。

光圀にとって幸村は祖父家康の敵将であったのに、刀の銘にまでこだわることで豊臣家へ忠義を尽くしたその心掛けをほめ称えたのである。

98 津本陽《つもとよう》「左衛門佐《さえもんざ》（幸村）は家康に誘われておる。いつ寝返りするか分らぬ男じゃ」

作家の津本氏は小説『真田忍侠記《にんきょうき》』の中で大野治長《はるなが》に「幸村は家康に誘われておる。いつ寝返りするか分らぬ男じゃ」と語らせている。治長は、豊臣家の家老片桐且元《かつもと》が追放された後に豊臣家の実権を握り、幸村とは大坂冬の陣の軍議で対決。城外野戦を主張の幸村に対して、籠城戦を主張。幸村は「真田丸《さなだまる》」を作り奮戦。この真田丸を造る際、大野治長を始めとする豊臣方の他の武将は、これを信繁（幸村）が徳川方に寝返るための下準備と疑っており、少々ながらも警戒していた。家康はその采配ぶりに惚《ほ》れ込み自軍に引き入れようとしていた。この頃豊臣方には徳川方から数多くのスパイが送り込まれていたので、幸村は疑われていた可能性は高いのである。

冬の陣の講和後、この「真田丸」は両軍講和に伴う堀埋め立ての際に真っ先に取り壊されてしまった。そして豊臣方の弱体化を謀る家康は、慶長20年（1615）2月、使者として信繁の叔父である真田信尹を派遣し「十万石下さるべく候旨」条件を提示し寝返るよう説得している。信繁がこれを断ると、家康は再び信尹を使者として差し向け、今度は「信濃一国を与える」と説得に出た。これを聞いた信繁は「この信繁、十万石では不忠者にならぬが、一国では不忠者になるとお思いか」と再びはねのけたという。

99 池波正太郎「小肥りの身体の背をまるめたようにして、豪勇の人という印象は全くなかった」

『真田太平記』は、歴史小説。昭和49年(1974)年から昭和57年(1982)にかけて『週刊朝日』に連載された。作家の池波正太郎氏は全12巻というこの長編の中で、幸村の姿を「小肥りの身体の背をまるめたようにして、豪勇の人という印象は全くなかった」と書いている。これは大坂冬の陣の休戦中に、上野国沼田にいる兄・信之を訪ねた幸村の様子を描写したものである。さらに池波は、幸村が父昌幸の姿を彷彿《ほうふつ》とさせるほどに老けている、とも付け加えている。幸村は〝冬の陣〟で真田丸に布陣し徳川方を多いに苦しめ、英雄像にふさわしい活躍を見せたが、それ以前は、西軍が関ヶ原の戦いに敗れたことで九度山《くどやま》に蟄居《ちっきょ》させられていた身であった。肉体的に負担のかかる山での生活に加え、その地で共に生活していた昌幸が死去してしまい、精神的ダメージで老け込んでしまったのだろう。幸村に対して颯爽としたヒーロー像を抱く人は多い。江戸元禄時代に書かれ絶大な人気を誇った『真田三代記』(昌幸、幸村、幸村の子・大助の三代と、真田家に仕えた八人の豪傑の活躍を描いた軍記物語)や、猿飛、霧隠ら10勇士の大活躍する『真田十勇士』(明治に入ると、立川文庫などの講談速記本によって広まる)により、そのようなイメージが定着したのだ。しかし池波は伝説の幸村像を出来る限り現実的に描きたかったのだろう。

100 徳川家康「大将たる者に似合わぬ働き」老談一言記

家康は、大坂夏の陣における幸村の采配《さいはい》を評して、前記の様に述べている。しかし幸村が巧みに兵を指揮出来なかったことには理由がある。慶長20年（1615）5月6日「大坂夏の陣―道明寺・誉《こん》田《だ》の戦い」。数に勝る徳川方と平地で戦っては勝目がないと判断。狭《せば》まった地形で徳川方を迎え撃つ作戦に出た。不運かな、幸村隊・明石隊・毛利隊は深い霧に阻《はば》まれ、集合地点への到着が遅れ、先に到着の後藤隊は待ちきれず敵陣に突入、後藤又兵衛は討死して敗退。

翌7日には幸村が予期せぬことが起こる。功を急ぐ毛利隊が当初の作戦通りに動かず勝手に戦端を開いてしまった。幸村・毛利隊は寄せ集めの浪人構成で統率困難であったため作戦は中止。幸村は正面突破で家康本陣への突撃を決意した。

家康は幸村を酷評した言葉の一方で高く評価していた。大坂冬の陣の後、信濃一国と引替えに寝返りを勧めた。それほどまでに幸村の能力を見込んだからこそ、この夏の陣の重要な戦いでの失策に対して激しい評価を下したのだろう。

真田信繁（幸村）関連系図

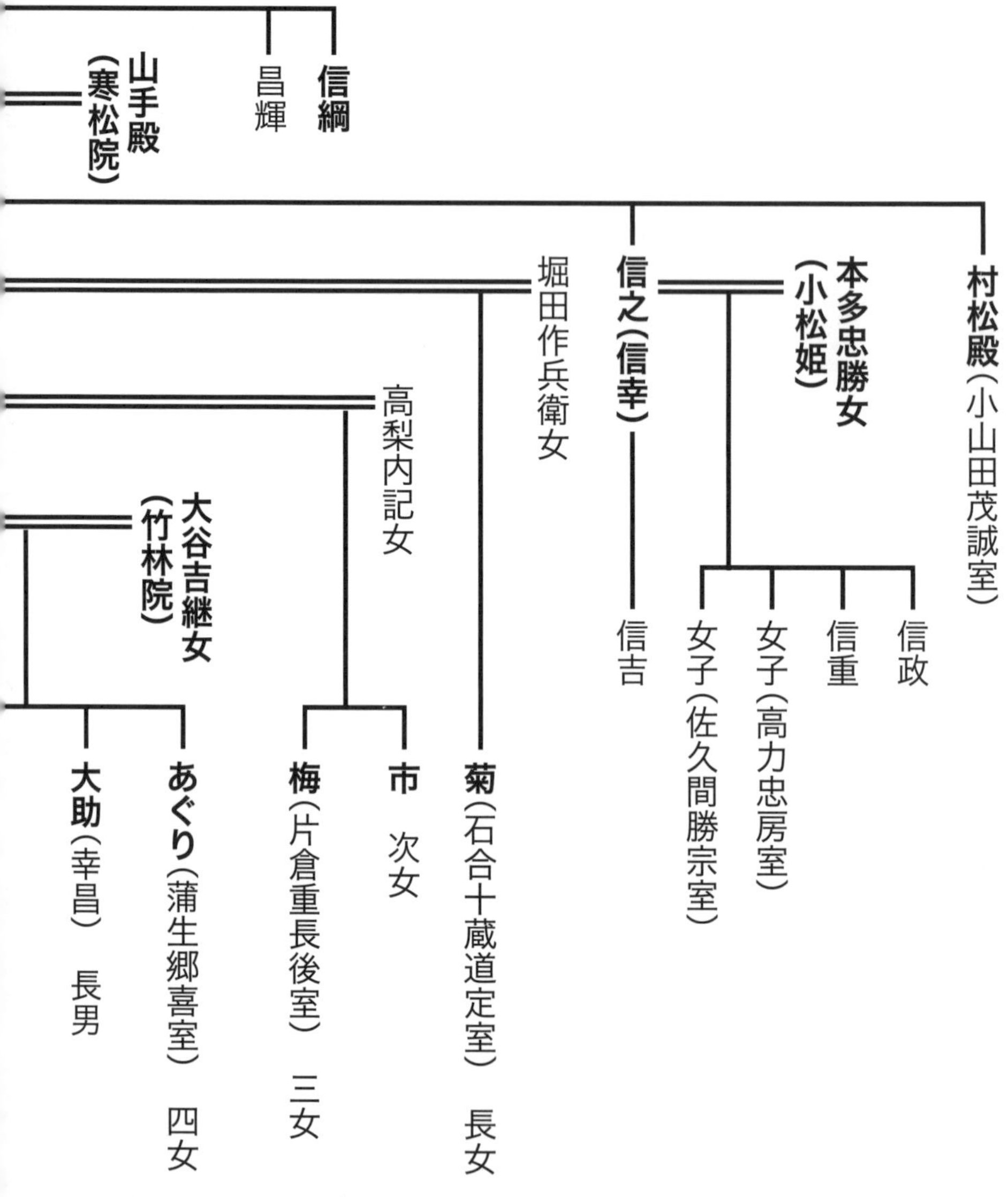
信綱
昌輝
山手殿（寒松院）
村松殿（小山田茂誠室）
信之（信幸）
本多忠勝女（小松姫）
信政
信重
女子（高力忠房室）
女子（佐久間勝宗室）
信吉
堀田作兵衛女
菊（石合十蔵道定室）長女
高梨内記女
市　次女
梅（片倉重長後室）三女
大谷吉継女（竹林院）
あぐり（蒲生郷喜室）四女
大助（幸昌）長男

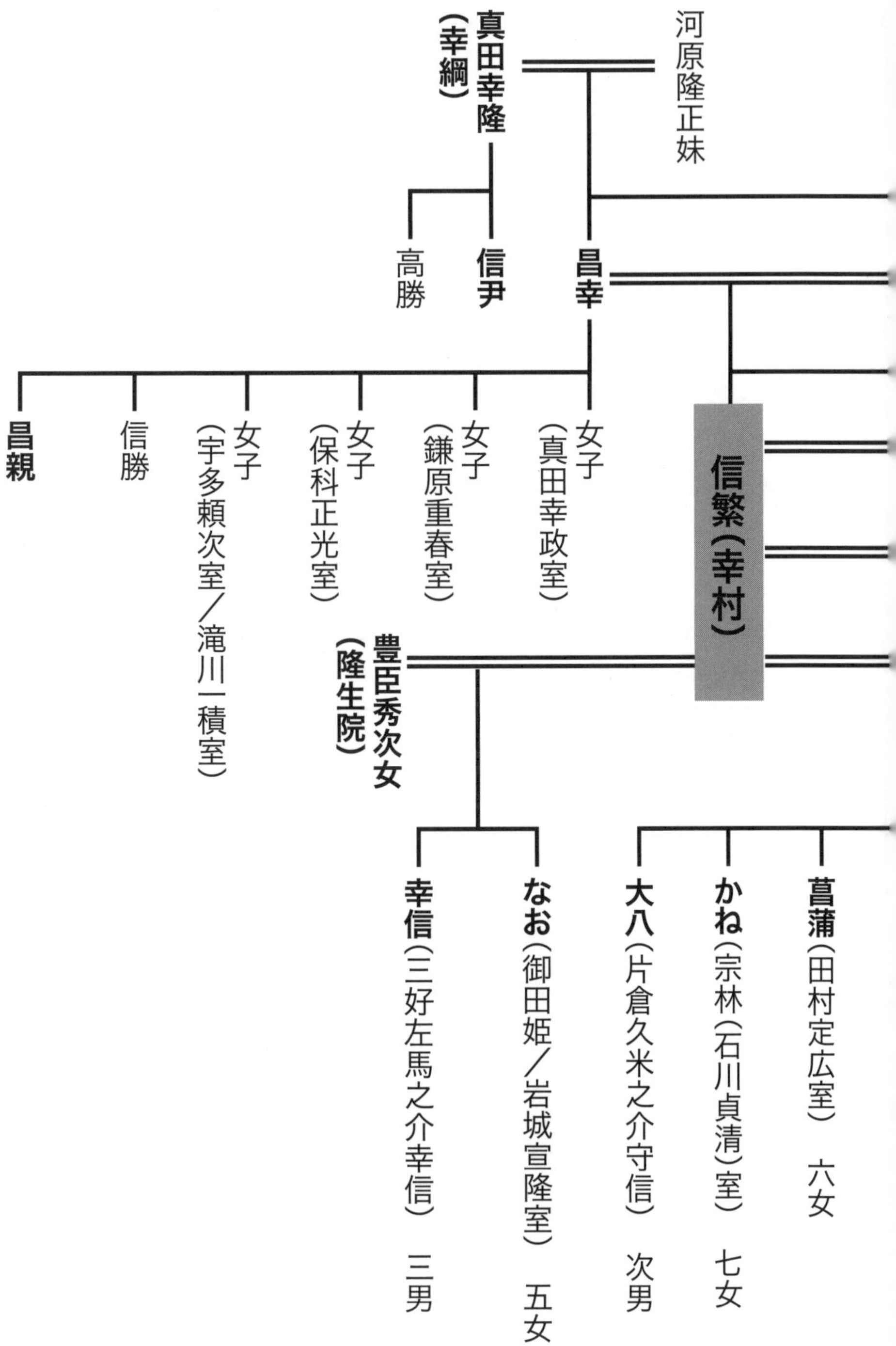
河原隆正妹
真田幸隆（幸綱）
昌幸
信尹
高勝
信繁（幸村）
女子（真田幸政室）
女子（鎌原重春室）
女子（保科正光室）
女子（宇多頼次室／滝川一積室）
信勝
昌親
豊臣秀次女（隆生院）
菖蒲（田村定広室）　六女
かね（宗林（石川貞清）室）　七女
大八（片倉久米之介守信）　次男
なお（御田姫／岩城宣隆室）　五女
幸信（三好左馬之介幸信）　三男

北条・武田・上杉・織田・徳川関係参考図

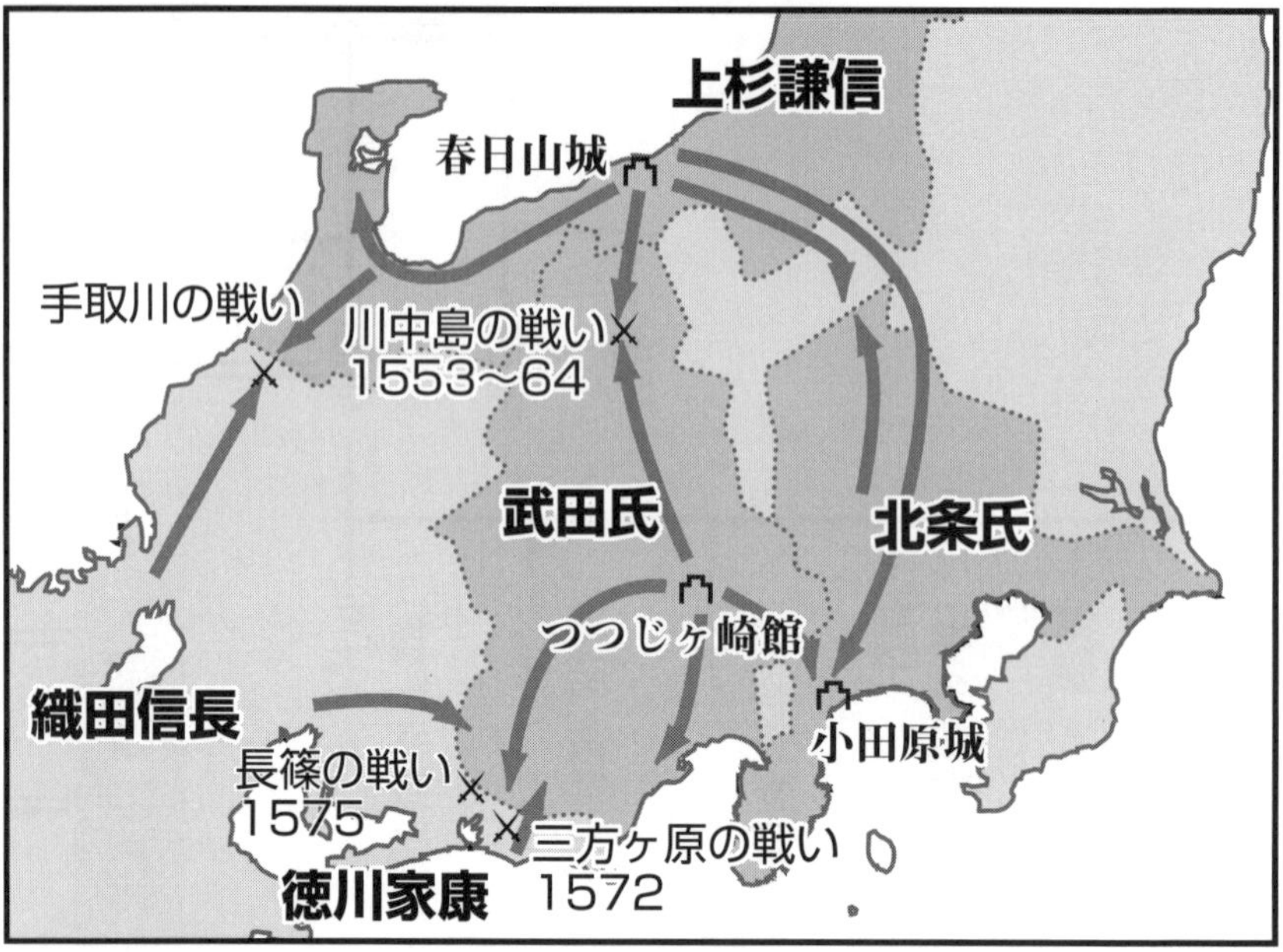

1560年頃の形勢

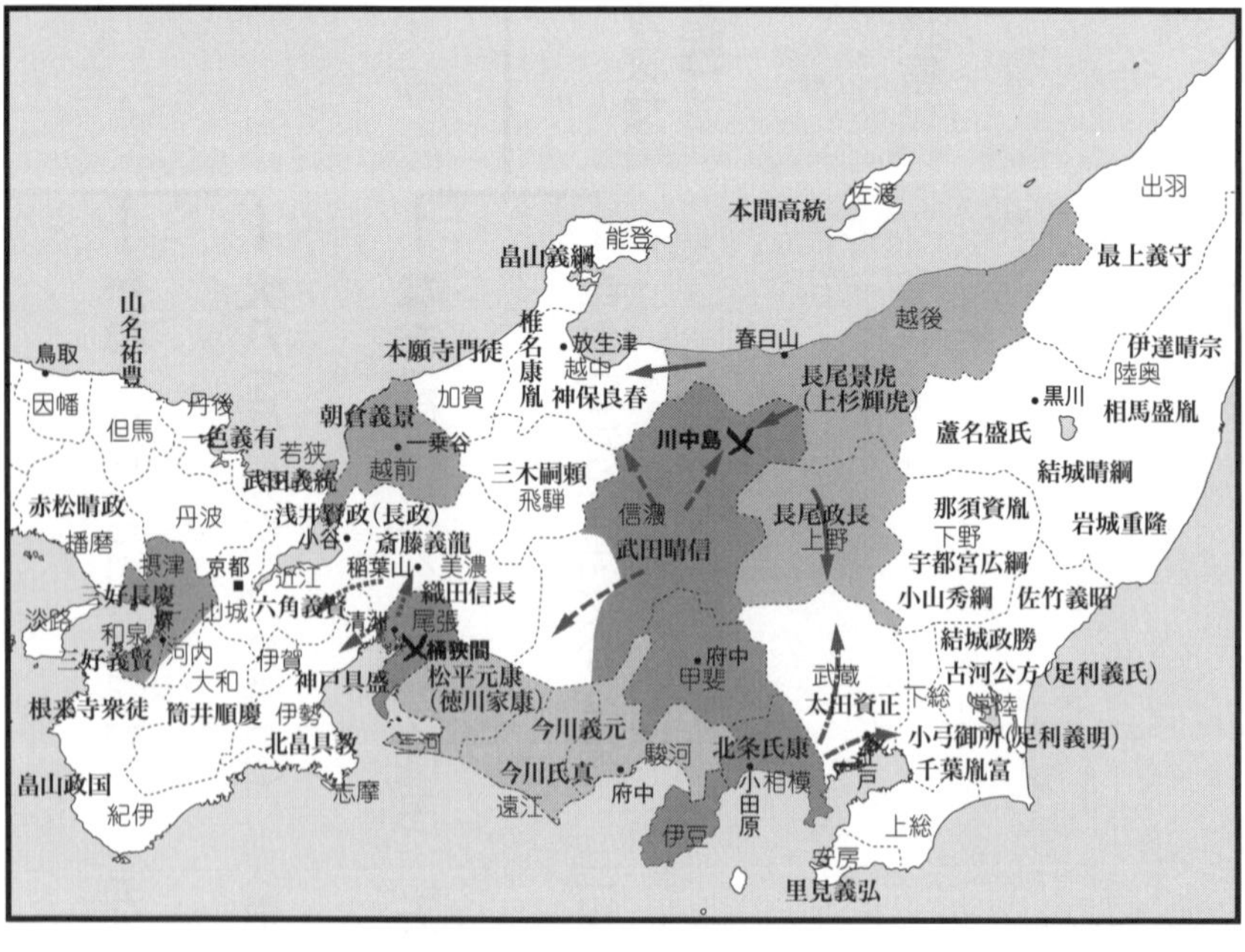

今川・北条勢力図

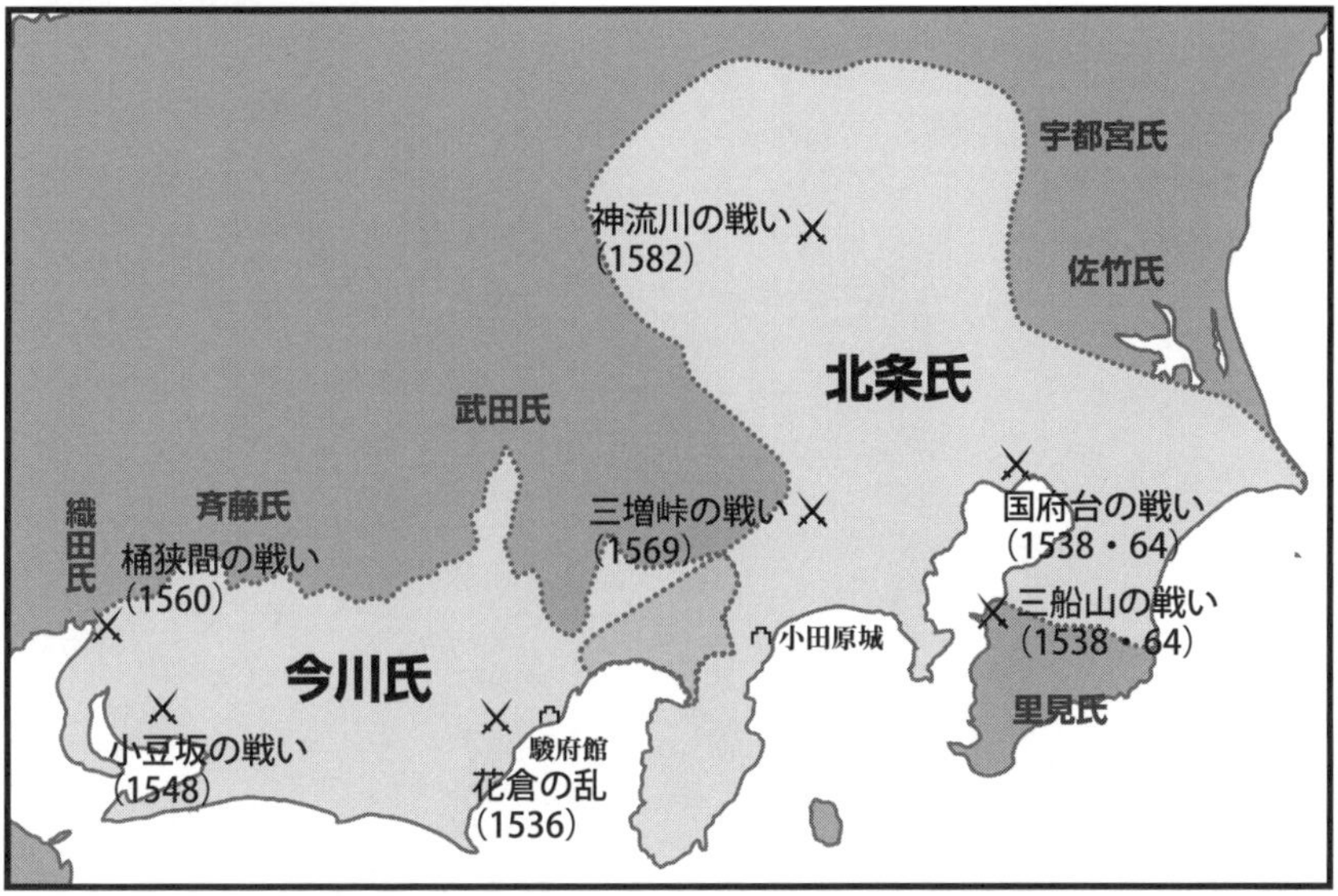

徳川家康の版図変遷

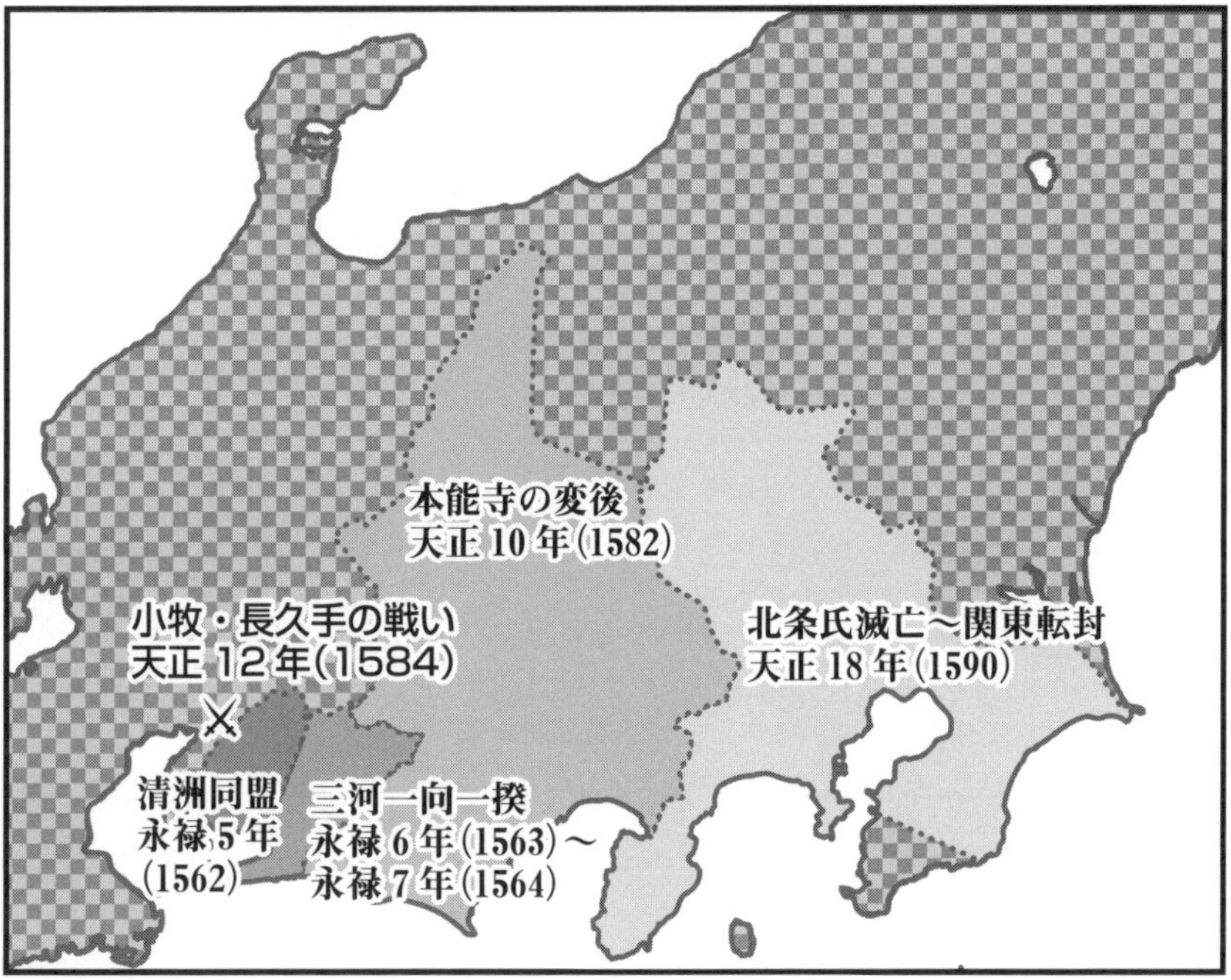

長野県市町村図

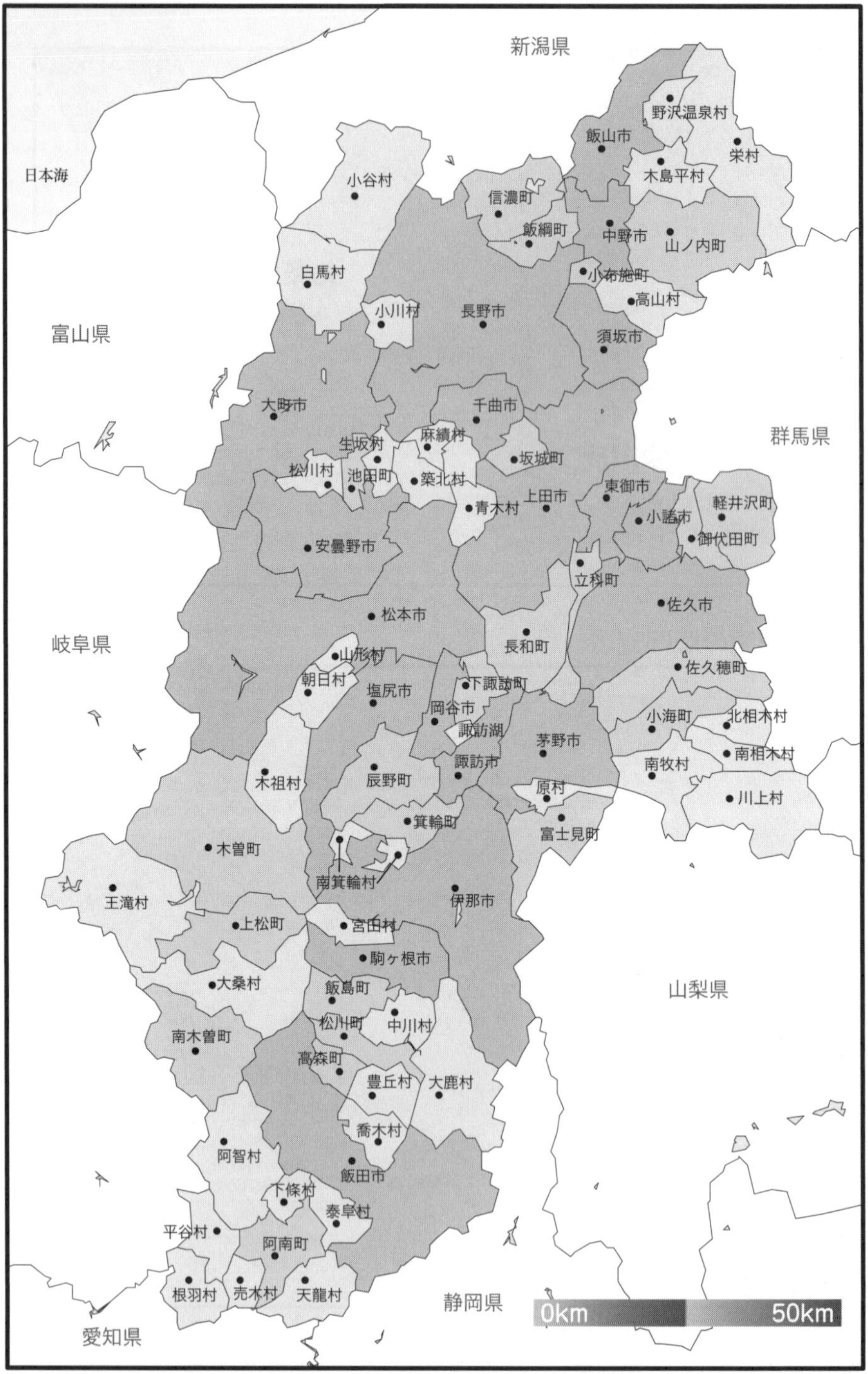
新潟県
日本海
富山県
岐阜県
群馬県
山梨県
静岡県
愛知県
野沢温泉村
飯山市
栄村
木島平村
小谷村
信濃町
飯綱町
中野市
山ノ内町
白馬村
小布施町
高山村
小川村
長野市
須坂市
大町市
千曲市
麻績村
生坂村
坂城町
松川村
池田町
筑北村
東御市
上田市
青木村
軽井沢町
小諸市
御代田町
安曇野市
立科町
佐久市
松本市
長和町
山形村
佐久穂町
朝日村
下諏訪町
塩尻市
岡谷市
諏訪湖
小海町
北相木村
茅野市
南相木村
木祖村
辰野町
諏訪市
南牧村
原村
川上村
箕輪町
富士見町
木曽町
王滝村
南箕輪村
伊那市
上松町
宮田村
駒ヶ根市
大桑村
飯島町
中川村
松川町
南木曽町
高森町
豊丘村
大鹿村
喬木村
阿智村
飯田市
下條村
泰阜村
平谷村
阿南町
根羽村
売木村
天龍村
0km
50km

■その時、龍馬は、新選組は
維新の胎動　幕末年表帖　京都観光基本データ帖 3
◆仕様　A5 変形・312 頁　定価：本体 1143 円＋税
NPO 法人京都龍馬会理事長　赤尾博章氏　龍馬関連一部監修協力
新選組記念館館長　青木繁男氏　新選組関連一部監修協力
坂本龍馬の事跡を軸に、幕末・明治初期の動乱期、さらには戊辰戦争の終結までを追います。人物写真など、貴重な古写真を多数掲載。

■その時 清盛は、後白河院は、頼朝は、
院政・源平年表帖
清盛誕生～後白河院政～武家政権鎌倉幕府成立
京都観光基本データ帖 7
◆仕様　A5 判　288 頁　定価：本体 1500 円＋税
平清盛が生きた時代は、古代から中世への変革の時代であり、次々に歴史的な大事件が起こっています。

平安時代の末期から鎌倉幕府の成立までの、複雑だからこそ面白い時代を追います。

■嵐の中、復興京都の行政・産業・教育は
明治維新・大正ロマン
文明開化の京都年表帖
ダイナミックな近代京都が時系列でわかる！
京都観光基本データ帖 8
◆仕様　A5 変形・320 頁　定価：本体 1500 円＋税
京都御政府の初動施策と東京明治新政府の統治と文明開化の諸施策、京都府・市の町施策や学校の成り立ちなど、さらには新島襄・八重、山本覚馬の生涯や近代建築物を加えた年表で、初めての人物写真や当時の珍しい古写真も豊富に掲載しています。

■その時、幕末二百八十二諸藩は？
戊辰戦争年表帖
鳥羽伏見戦～箱館戦争の同時進行・多発戦を追う
◆仕様　A5 判　416 頁　定価：本体 1500 円＋税
鳥羽伏見戦いの幕開けから甲州戦争、船橋の戦い、宇都宮城の戦い、上野戦争、北越戦争、会津戦争、秋田戦争ら、そして翌年明治 2 年の箱館戦争までの「戊辰戦争」が、どのように、そして同時代的に進んで行ったのか、また、維新政府の成立で幕末諸藩はどのような立場で処そうとしていたのかを追っています。

■成美堂出版

真田十勇士	土橋治重	1985
真田幸村～物語と史蹟をたずねて	松永義弘	1995
軍師真田幸村	井口朝生	1996

■世界文化社

不滅の系譜～真田風雲録	広瀬仁紀	1994

■創栄出版

白石城主片倉氏と家臣の系譜	川村要一郎	1997

■中央公論社

回想の織田信長 ―フロイス「日本史」より	松田毅一、川崎桃太	1983
一夜官女	司馬遼太郎	1995

■中央公論新社

御家騒動 大名家を揺るがした権力闘争	福田千鶴	2005
日本夫婦げんか考	永井路子	2006

■中央出版

堂々日本史第４巻	ＮＨＫ取材班	1997

■中経出版

ここまでわかった！ 大坂の陣と豊臣秀頼	「歴史読本」編集部	2015
真田幸村と真田一族のすべて	小林計一郎	2015

■ DeAGOSTINI

日本の 100 人 23 真田幸村		2006

■東京大学出版会

真田家家中明細書	国立史料館編	1986

■東京文芸社

忍者猿飛佐助（上・下）	富田常雄	1989

■徳間書店

風雲真田軍記（上・下）	富田常雄	1987
真田十勇士	村上元三	1994

■日本文華社

謀将・真田昌幸	野村敏雄	1985

■日本文芸社

剣豪こぼれ話	渡辺誠	1993
日本史 宿命のライバル達の決断と苦悩 （歴史人物エンターテインメント）	土橋治重	2006

■ PHP 研究所

歴史街道 真田幸村 男が惚れる男の条件		2003
歴史街道 真田昌幸と幸村		2006
歴史街道 真田幸村と後藤又兵衛		2007
歴史街道 真田昌幸 「鬼謀」をもって大敵に挑む		2008
歴史街道 真田幸村 「誇り」をかけて挑む		2009
真田三代記	土橋治重	1989
真田幸村～家康が恐れた男の生涯	佐竹申伍	1992
智将真田幸村 ～大坂の陣に本懐を遂ぐ	阿見宏介	1995
真田昌幸 ～家康が怖れた機略縦横の智将	竜崎攻	1999

真田幸村の逆襲	典厩五郎	2009
真田三代 幸綱・昌幸・信繁の史実に迫る	平山優	2011
真田忍侠記（上・下）	津本陽	2015

■富士見書房

真田幸村の謀略	笠原和夫	1985
真田一族の陰謀	松永義弘	1988

■双葉社

真田十勇士（1 ～ 5 巻）	笹沢左保	1997

■プレジデント社

真田幸村： 「日本一のつわもの」の光芒一閃	早乙女貢ほか	1990

■文藝春秋

真田幸村	柴田錬三郎	1975
余話として	司馬遼太郎	1979
真田残党奔る	五味康祐	1987
異議あり日本史	永井路子	1992
歴史余話	海音寺潮五郎	1995
猿飛佐助	柴田錬三郎	2014
真田幸村～真田十勇士	柴田錬三郎	2014

■勉誠社

真田三代記	矢代和夫	1996

■宝文堂

仙台真田代々記	小西幸雄 著	1996

■三笠書房

日本史 249 の雑学	太田 公	1992

■ミネルヴァ書房

真田氏三代 真田は日本一の兵	笹本正治	2009

■宮帯出版社

真田幸村子孫の仙台戊辰史 真田喜平太の生涯	小西幸雄	2013

■無明舎出版

秋田武鑑 全	三浦賢童編 （原著は「久保田家中分限帳」の著者）	2005

■ユニプラン

戦国武将年表帖（上・中・下）		2011

■吉川弘文館

月刊雑誌「日本歴史」	日本歴史学会	1948 ～
人物叢書 淀君	桑田忠親	1985
真田昌幸	柴辻俊六	1996

■淀洛南地誌の会

洛南の歴史		-

■立風書房

碁盤の首～真田武士小説集	池波正太郎	1992
槍の大蔵～真田武士小説集	池波正太郎	1992

主な参考文献

■秋田書店

歴史と旅 02 巻 08 号 戦国武将 100 選	南條範夫ほか	1975
歴史と旅 04 巻 03 号 信玄と武田二十四将	桑田忠親ほか	1977
歴史と旅 07 巻 09 号 戦国豪傑と十勇士		1980
歴史と旅 10 巻 04 号 三方ヶ原・長篠の合戦	原田伴彦ほか	1983
歴史と旅 10 巻 07 号 戦国総決算 大坂の陣	桑田忠親ほか	1983
歴史と旅 12 巻 06 号 戦国真田軍記		1985
歴史と旅 15 巻 01 号 甲斐の虎 武田信玄	南條範夫ほか	1988

■あさを社

上州路 真田道と城砦興亡史		1985

■上田市立博物館

真田氏史料集	上田市立博物館	1987

■旺文社

ブレーン歴史にみる群像(全五巻)		1986

■学研

歴史群像「日本一の兵」真田幸村 秘策・真田戦法の真髄とは		1993
歴史群像 真田戦記		2010
真田幸村 戦国を生きた知将三代	橋場日月	2004

■角川書店

真田軍記	井上靖	1958
真田幸村(上・下)	海音寺潮五郎	2005

■角川学芸出版

実伝 真田幸村	火坂雅志	2014

■郷土出版社

依田信蕃～もうひとりの“真田”	市川武治	1993

■広済堂出版

真田幸村	尾崎士郎	1972
真田幸村風雲録	渡辺一雄	1997

■講談社

歴史講談 真田幸村		1985
ビジュアル日本の合戦 5 真田幸村と大坂冬の陣		2005

■光風社出版

真田幸村～戦国太平記	井口朝生	1985

■真田町

物語・真田十勇士		1993

■三一書房

武田信玄	土橋治重	1966

■信濃路出版

真田一族のふる里と信州の鎌倉	信濃路編集部	1986
真田六十万両の疑惑	斎藤吉見	1989

■春陽堂書店

真田軍団はゆく	佐竹申伍	1980

■小学館

名城をゆく 17 上田城・松代城		2004
新説戦乱の日本史 20 上田合戦 真田昌幸		2008

■上毛新聞社

ＣＡＯ！吾妻 戦国乱世の雄・真田一族進撃の街道「真田道」を行く		2001-2002

■白石市

片倉小十郎景綱関係文書(白石市文化財調査報告書第 47 集)	白石市教育委員会	2013

■新人物往来社

歴史読本 風雲真田戦記 謀略の一族		1967
歴史読本 鬼謀三代 真田風雲録		1982
歴史読本 戦国真田太平記		1985
別冊歴史読本 19 真田幸村と大坂の陣		2008
別冊歴史読本 25 戦国・江戸真田一族―名族真田一族の軌跡		1999
別冊歴史読本 50 闘将幸村と真田一族―戦国動乱を生き抜いた奇謀の一族		2003
別冊歴史読本 66 智謀の一族真田三代		2007
別冊歴史読本 105 真田幸村 野望！大坂の陣		1990
別冊歴史読本一族シリーズ 70 真田一族のすべて		1996
月刊「歴史研究」 293 号		1985
月刊「歴史研究」 308 号		1986
月刊「歴史研究」 313 号		1987
月刊「歴史研究」 335 号		1989
月刊「歴史研究」 393 号		1994
月刊「歴史研究」 554 号		2007
月刊「歴史研究」 556 号		2007
月刊「歴史研究」 560 号		2008
軍師 真田幸村	近藤精一郎	1985
真田史料集	小林計一郎	1985
真田三代軍記	小林計一郎	1986
謀将真田昌幸(上・下)	南原幹雄	1995
真田昌幸のすべて	小林計一郎	1999
武田信虎のすべて	柴辻俊六	2007
新編武田信玄のすべて	柴辻俊六	2008

■新潮社

真田騒動～恩田木工	池波正太郎	1984
風神の門(上・下)	司馬遼太郎	1987
真田太平記(1 ～ 12 巻)	池波正太郎	1987-1988
あばれ狼	池波正太郎	1989
戦国幻想曲	池波正太郎	2000

青木繁男　著者プロフィール

■昭和7年3月
京都市下京区にて出生。同志社大学商学部卒業
旧第一銀行入行　京都、伏見、本町、丸太町、浜松、梅田、京都支店を歴任
■平成4年3月
第一勧業銀行京都支店にて定年退職
余暇を利用し、飲食業レジャーサービス業の研究と経営コンサルタント、
京町家と幕末、特に第一銀行の創始者渋沢栄一の研究の際、土方と栄一の接点から新選組の研究へと発展。昭和35年より始める。
■平成4年3月
京町家保存会を設立。「京町家草の根保存運動開始」行政に町家保存を訴える。
■平成5年4月
京町家動態保存のため、京町家の宿、京町家ペンションをオープン。唯一の町家の体験宿泊施設。
■平成5年7月
池田屋事変記念日を期に、新選組記念館オープン。館長就任
■平成9年10月
（財）京都市景観・まちづくりセンターが第3セクターを設立、町家保存事業に市が動きだし、ボランティアとして調査に参画。
■平成10年11月
京都市まちづくり事業幕末ボランティアガイド塾を立ち上げ、塾長として55名の市民と幕末京都の史蹟や史実、京町家・町並みの調査研究、市民や観光客に紹介運動開始。
■平成11年6月
塾活動が大きく評価をあび、NHK、KBS、読売テレビや神戸新聞、静岡新聞、京都新聞、リビング新聞に紹介される。
■平成13年3月
21日より1ヶ月間、関西初の「土方歳三京都展」を西陣織会館にて開催。地元大手企業と連帯して、土方歳三の新しい京都に於ける実像に迫る。
■平成14年3月
京都で初めての新選組展を西陣織会館にて開催。
■平成16年1月
NHKスタジオパーク「誠」に出演。
■平成20年9月15日
内閣府エイジレス受賞
■平成26年
平成26年度京都府地域力再生プロジェクト事業「平家物語による町おこし、観光開発」を実施。平家物語を軸とした歴史ボランティアガイドの育成及び同ガイドによるウォークツアーの開催。「治承の乱の高倉宮以仁王生存伝承を追う」による町おこしを実施。
■平成27年1月
著書「京都幕末　おもしろばなし百話」を出版。好評を得る。
・高倉宮以仁王伝承の研究
・京都と滋賀の妖怪霊界物語伝承の研究を強化する。
■平成27年8月
月刊京都8月号に京都妖怪図鑑掲載。
■平成28年1月
「真田幸村　時代のおもしろばなし百話」を出版
■現在
次回、井伊家の祖。「井伊直虎と戦国２００話（仮称）」執筆中。
宇治市観光ガイドクラブ初代代表　新京都シティ観光ボランティアガイド協会顧問
京都町作り大学院大学　講師

あとがき

2015年は大坂の陣400年。2016年のNHK大河ドラマは「真田丸」。三谷幸喜さんのお面白い脚本、「倍返し」の堺雅人の名演技で、幸村ファンの歴女を中心に大いに盛り上がるだろう。「幸村」は筆者の少年時代のスーパーヒーローで、今のウルトラマンのような存在でした。

この本を書いていて強く思ったのは淀殿と秀頼と家康の対立で当時の、大坂の市民たちは「大戦災」を受けたのである。大阪城にある「大坂夏の陣図屏風」が、その悲惨さを訴えているようである。この反面、豊臣の元重臣や家人で浪々の世を過ごしていた人々には一大チャンスが訪れ、真田幸村が歴史に大きくその名を残すことになった。幸村は自分の持っている知略を尽くして完全に燃え尽きて〝夏の陣〟で討ち死した。全体的作戦では、多くの武将も参戦していたし、訓練されていない浪人軍団で、幸村個人の持っていた天才的作戦は遂行できなかった。しかし、真田の得意とする城塞戦〝冬の陣〟「真田丸」で最大の戦果を上げ、その名を戦史に残した。そして後藤又兵衛をはじめとする武将たちも最後の花を咲かせ散り果てたのだった。これら、大坂の陣での幸村の活躍はもとより、大坂城を秀頼の側近で脱出、二上山の麓で暮らす落人の話や、千姫の脱出劇のホントなど、あまり知られていない事を面白話として描いてみました。幸村のいた、大阪や和歌山・京都、真田の故郷、そして真田一族が活躍した、甲信越、上州等、全国の多くの方々に読んで頂きたいと念願する次第であり、地域の復興の起爆剤となって「真田丸」による「町おこし」が、盛り上がる姿がありありと見えてくる様で楽しみであります。

■写真提供
青木繁男、鳥越一朗、沼田市、唐津市など

新選組記念館青木繁男
調べ・知り・聞いた秘話を語る！
真田幸村　時代のおもしろばなし　百話

定　価　カバーに表示してあります
第1版第1刷
発行日　2016年1月10日
著　者　京都史跡研究家・ふるさと探訪クラブ代表
青木繁男（新選組記念館館長・幕末史家）
ユニプラン編集部
編集・校正　鈴木正貴・橋本 豪
デザイン　岩崎 宏
発行人　橋本 良郎
発行所　株式会社ユニプラン
http://www.uni-plan.co.jp
(E-mail) info@uni-plan.co.jp
〒604-8127
京都市中京区堺町通蛸薬師下ル　谷堺町ビル1F
TEL（075）251-0125 FAX（075）251-0128
振替口座／01030-3-23387
印刷所　為國印刷株式会社
ISBN978-4-89704-360-9　C0021